MARCO POLO

FRANKEN

NÜRNBERG • WÜRZBURG • BAMBERG

Reisen mit
Insider-Tips

Diese Tips sind die ganz speziellen Empfehlungen unserer Autoren. Sie sind im Text gelb unterlegt.

Fünf Symbole sollen Ihnen die Orientierung in diesem Führer erleichtern:

★

für Marco Polo Tips – die besten in jeder Kategorie

für alle Objekte, bei denen Sie auch eine schöne Aussicht haben

für Plätze, wo Sie bestimmt viele Einheimische treffen

für Treffpunkte für junge Leute

(106/A1)
Seitenzahlen und Koordinaten für den Reiseatlas Franken
(**U/A1**) *Koordinaten für den Stadtplan Nürnberg im hinteren Umschlag*
(**O**) *außerhalb des Stadtplans Nürnberg*

Diesen Führer schrieb Michael Neumann-Adrian. Er kennt und liebt Franken, hat über Frankenwein und fränkische Schlösser geschrieben. Er lebt am Starnberger See.

Die Marco Polo Reihe wird herausgegeben von Ferdinand Ranft.

Die aktuellsten Insider-Tips finden Sie im Internet unter http://www.marco-polo.de

MAIRS GEOGRAPHISCHER VERLAG

Unsere Autoren haben nach bestem Wissen recherchiert. Trotzdem schleichen sich manchmal Fehler ein, für die der Verlag keine Haftung übernehmen kann.

Titelbild: Nürnberg, Frauenkirche (Anne Hamann: Jörg Reuther)
Fotos: G. Amberg (75); K. Henseler (31); Huber: Schmid (52); L. Keresztes (26); Lade: BAV (96), Feldrapp (66), Herzog (86), John (22), Schuster (24); Mauritius: Gierth (28, 82), Hubatka (105), Otto (72), Thomas (14), Thonig (68), Vidler (4, 16); Schapowalow: Messerschmidt (36), Thiele (46); Schuster: Waldkirch (20); O. Stadler (10, 50); Tourismuszentrale Fränkische Schweiz (96); Transglobe: Matheisl (49), Waldkirch (70); P. Trummer (39, 59)

Chefredakteurin: Marion Zorn
Lektorat: Andrea Sach
Gestaltung: Thienhaus/Wippermann (Büro Hamburg)
Kartographie Reiseatlas: © ADAC Verlag, München; Mairs Geographischer Verlag, Ostfildern

Printed in Germany
Gedruckt auf 100% chlorfrei gebleichtem Papier

INHALT

Entdecken Sie Franken!

In einer der schönsten deutschen Landschaften erwartet Sie noch viel mehr als Barock, Bratwürste und Butzenscheiben

In einer so reichen Landschaft wie Franken fällt es manchmal nicht leicht, die ganze Fülle des Schönen und Ursprünglichen wahrzunehmen. Denn wo begegnet man so vielen stolzen Burgen, Schlössern und wohlerhaltenen, romantischen alten Stadtbildern wie in der Landschaft zwischen Rhön und Donau, Spessart und Fichtelgebirge? So vielen holzgetäfelten Wirtshäusern, komfortablen Kleinstadthotels, so prachtvollen barocken Kirchen, so lieblichen Tälern, idyllischen Badeseen, verwunschenen Wäldern? Franken zählt neun große Naturparks. Das Städte-Dreigestirn Nürnberg–Bamberg–Würzburg verheißt eine einzigartige Fülle tausendjähriger Kultur. Unsere fränkische Marco-Polo-Reise führt zu all diesen Plätzen, sie ermuntert aber auch zu Abstechern und läßt die »Kleinode des zweiten Blicks« nicht außer acht – mit denen man oft die schönsten Augenblicke einer Reise erlebt.

Die älteste deutsche Steinbrücke und, hoch über dem Main, Würzburgs Festung Marienberg

Jean Paul (1763–1825) war unter den fränkischen Poeten einer der skurrilsten und phantasiemächtigsten. Seine Wahlheimat fand er in Bayreuth, über das er voller Lust schrieb: »Du liebes Bayreuth, auf einem so schön gearbeiteten, so grün angestrichenen Präsentierteller von Gegend einem dargeboten – man sollte sich einbohren in dich, um nimmer heraus zu können.«

In Franken waren seit je Menschen zu Hause, die sich intensiv »einbohrten«. Nicht nur, um an einem Ort für immer heimisch zu werden, sondern auch, um etwas aufs genaueste zu ertüfteln und zu erforschen, bis ins kleinste durchzugestalten. Aus solchem Holz sind die fränkischen Erfinder geschnitzt, die der Welt die erste Taschenuhr und den ersten Globus bescherten.

Augenfällig spiegelt sich fränkisch-bedachtsame Lebensart in den ummauerten Städten, in deren Gassennetz sich immer ein Giebel über den anderen zu schachteln scheint. Kein Fußbreit städtischer Boden, der nicht genutzt und gestaltet ist. Selbst der Himmel teilt sich dem, der in der holzgetäfelten Stube sitzt, in lauter Butzenscheibenfelder. Romantisch verwinkelt ist dieses »altfränkische« Franken – man kann von ihm fasziniert sein oder wohl auch irritiert, wie Meister Goethe. Der war der Bewunderung voll für die Kunst Albrecht Dürers, ja für die ganze »Dürerwelt«, spottete aber auch über Nürnbergs »Tabakspfeifensäulen, spitze Türmlein und Blumenzacken«.

Doch zeigt Franken auch andere Gesichter. Gerade Franken, in dessen Landschaftslabyrinth sich der Neuling immer erst zurechtfinden muß. Der Main kann eine erste Orientierung sein. Nur daß der Main, aus Weißem (nördlich) und Rotem Main (südlich) zusammenströmend, seine Ost-West-Richtung mitnichten so zielstrebig verfolgt, wie etwa der Rhein nordwärts strebt. Der Main mäandert zwischen Schweinfurt und Aschaffenburg erst zum Maindreieck, dann zum Mainviereck und läßt so im Wechsel mal die linksmainischen, mal die rechtsmainischen Ufer in den Genuß der Sonne kommen, mit Folgen beispielsweise für den Weinbau.

Mit den schönen fränkischen Waldgebirgen ist es noch »a wenga«, wie der Franke sagt, komplizierter. Rhön, Spessart und Fränkische Schweiz, das legt man sich zurecht. Aber fragen Sie mal Ihre Mitmenschen, wenn die nicht gerade Erdkundelehrer in Würzburg oder Nürnberg sind, wie sich die Frankenalb von der Frankenhöhe und wie sich von beiden wieder der Frankenwald unterscheidet. Oder wo denn genau der Steigerwald an den Rangau grenzt.

Ein Glück nur, daß die fränkischen Fremdenverkehrsexperten in klarer Erkenntnis des geographischen Schwierigkeitsgrades für jede ihrer Landschaften einen eigenen großen Prospekt anbieten. Da findet jeder Gast heraus, ob sein Reiseziel im Frankenwald oder doch im Fichtelgebirge zu orten ist.

Franken bietet Auswahl und Abwechslung für etliche Urlaubsreisen. Bis auf wenige Industriezonen – wie bei Aschaffenburg oder Nürnberg-Fürth – ist überall Wanderland. Und an vielen Stellen auch Bade-, Surfer-, Seglerland. Weil in Franken nicht alles an eine so große Glocke gehängt wird wie andernorts, wissen erst die wenigsten, daß es in Mittelfranken einige ganz neue Seen gibt – nicht weit vom Altmühltal und von jener Stadt Weißenburg, die wegen ihrer römischen Funde durch alle Medien ging. In diesem »Neuen Fränkischen Seenland«, dessen größter See noch im Entstehen ist, kann man nun auch Urlaub machen. So wichtig in Franken der Tourismus ist, so sind diese Seen aber doch nicht primär den Gästen zuliebe geschaffen worden. Vielmehr ging es um das kostbare Gut Wasser.

Das ist wegen der geologischen Bedingungen in Franken ungleich verteilt. Frankens am dichtesten besiedeltes Gebiet, der Großraum Nürnberg, verbraucht viel mehr Wasser, als ihm die Natur beschert. Darum mußten die Wasserbauer tätig werden, erstellten Zuleiter, Überleiter und Stollen. Der großräumige Wassertransport zapft Donau und Altmühl an und bringt das Naß ins Regnitz-

Main-Gebiet. Auf dem Wege dahin legte man das Neue Fränkische Seenland an.

Wasserbau hat in Franken eine lange Geschichte, und das wichtigste Stichwort heißt Kanalbau. Ein paar Kilometer südlich von Weißenburg kann man bei Treuchtlingen noch Reste jener *Fossa Carolina,* des Karlsgrabens, sehen, mit dem Karl der Große einst Ähnliches im Sinn hatte wie gut ein Jahrtausend später die Rhein-Main-Donaugesellschaft: eine Wasserverbindung Main-Donau zwischen Ost und West.

Auf Regionen, durch die wichtige Verkehrswege ziehen, richtet sich immer das Augenmerk der Mächtigen. Franken macht da keine Ausnahme. Aus den dunklen Jahrhunderten des frühen Mittelalters treten mit vergleichsweise kurzem zeitlichen Abstand die drei wichtigsten fränkischen Zentren ins Licht: 704 nennt eine Urkunde *Virteburch,* 902 eine andere das *Castrum Babenberg,* im Jahre 1050 eine dritte die Burg von Nürnberg. Das Bistum Würzburg, dem bald die fränkische Herzogsmacht zufiel, das Bistum Bamberg und die Stadt Nürnberg mit Kaiserburg und Patrizierherrschaft wurden zu Hauptorten fränkischer Geschichte.

Auch die Hohenzollern besetzten Hauptrollen auf der Bühne der fränkischen Geschichte: als Burggrafen in Nürnberg, später als Markgrafen von Ansbach und von Bayreuth. Und außerdem waren auch die vielen anderen, weniger mächtigen Feudalherren für die Geschichte der Region wichtig, Ihre Schlösser tragen bis heute zum malerischen Bild fränkischer Landschaften bei, ob als Ruine oder wohlgepflegtes Kulturdenkmal. Um nur drei Familien zu nennen: Ohne die Aufseß, die Castells und die Schönborns wäre Franken um vieles ärmer.

Wollen Sie mit einem ausländischen Freund einen Ausflug in die deutsche Geschichte machen? Sie können nichts Besseres tun, als mit ihm auf Frankenreise zu gehen. Franken ist recht tauglich als Modell des Heiligen Römischen Reiches Deutscher Nation.

Auf der Nürnberger Burg hielten die Kaiser mit Vorliebe ihre Reichstage ab. Darauf beriefen sich in ihrem Größenwahn die Hitler-Bonzen des »Tausendjährigen Reichs« und erklärten Nürnberg zur »Stadt der Reichsparteitage«.

In Frankens Freien Reichsstädten wuchs das bürgerliche Selbstbewußtsein. Fromm und auch

Die Marco Polo Bitte

WWF

Marco Polo war der erste Weltreisende. Er reiste in friedlicher Absicht, verband Ost und West. Er wollte die Welt entdecken, fremde Kulturen kennenlernen, nicht zerstören. Könnte er für uns Reisende des 20. Jahrhunderts nicht Vorbild sein? Aufgeschlossen und friedlich sollte unsere Haltung auf Reisen sein. Dazu gehören auch Respekt vor Mensch und Tier und die Bewahrung der Umwelt.

Geschichtstabelle

500 v. Chr.
Keltische Besiedlung

1.–2. Jh.
Römer bauen den Limes, erst bis Miltenberg, dann bis Kelheim

6.–8. Jh.
Franken siedeln am Main

689
Märtyrertod des iroschottischen Missionars Kilian

742
Bonifatius gründet das Bistum Würzburg

777
Urkunde Karls des Großen bezeugt Weinbau

1007
Kaiser Heinrich II. gründet das Bistum Bamberg

12. Jh.
Nürnberger Burg wird strategisch wichtige Kaiserpfalz der Staufer; 1192 Hohenzollern Burggrafen von Nürnberg

1219
Nürnberg wird Freie Reichsstadt

1456
Ansbach wird markgräfliche Residenz

1524/25
Bauernkrieg, Reformation

1603
Bayreuth wird markgräfliche Residenz

1803–1815
Das Königreich Bayern erhält die fränkischen Gebiete

1835
Erste deutsche Eisenbahn Nürnberg–Fürth

1840
Hochzeit des Coburger Prinzen Albert mit Queen Victoria

1876
Erste Bayreuther Festspiele

1919
Räterepublik in München, die Regierung zieht nach Bamberg

1933–1938
NS-Reichsparteitage in Nürnberg

1946–1949
Nürnberger Kriegsverbrecher-Prozesse

1980
In Mittelfranken entsteht das »Neue Fränkische Seenland«

1990
Die Wiedervereinigung gibt Franken seine historische Mittellage in Deutschland zurück

1992
Eröffnung des Main-Donau-Kanals

1993
Erweiterung des Germanischen Nationalmuseums mit der »Straße der Menschenrechte«

1998
Die Stadt Nürnberg beginnt den Pegnitzlauf umzugestalten, die Ufer werden wieder zugänglich gemacht. Bamberg bietet erstmalig »Stadtführungen für Kids« an

voll Prestigeverlangen bauten die Bürger Dome und Kirchen als dominierende Zeichen an die Stadtgrenzen. Um 1500 schuf Dürer seine große Holzschnittfolge der »Apokalypse«. Der Nürnberger Meister eröffnete damit das Zeitalter des reproduzierbaren Kunstwerks. Zu gleicher Zeit arbeiteten der Erzgießer Peter Vischer und seine Söhne, der Bildhauer Adam Krafft und der aus Osterode zugewanderte Tilman Riemenschneider. Mit seinen Künstlern und Gelehrten wurde Franken zu einem Herzland des Humanismus und der Renaissance.

Fragt Ihr ausländischer Freund nach Ritterfehden, nach Bauernkrieg und Dreißigjährigem Krieg? Zeigen Sie ihm die Stadtmauern von Rothenburg und Dinkelsbühl, die Bastionen der Veste Coburg. Es waren unfriedliche Zeiten, in denen man sich selbst derart einmauerte. Anderthalb Jahrhunderte kämpfte man auch in Franken um die Entscheidung zwischen katholischer und evangelischer Konfession. Nürnberg, wie andere Reichsstädte, entschied sich für die Reformation. Würzburg und Bamberg, die alten Bistümer, feierten die Selbstbehauptung ihrer katholischen Herrschaft im 18. Jahrhundert mit den prächtigsten Barockpalästen und festlichen Kirchen.

Als vor knapp zwei Jahrhunderten dann das alte Reich unterging und die fränkischen Herrschaften an Bayern fielen, das neue Königreich von Napoleons Gnaden, fiel Franken in kultureller Hinsicht für lange Zeit in den Dornröschenschlaf. Das ist auch der Grund dafür, daß sich seine Stadtkerne ihre alte Gestalt bewahren konnten. Nur an wenigen Orten, voran in Nürnberg, begann das Industriezeitalter, mit der ersten deutschen Eisenbahn als Startsignal.

Nach dem Zweiten Weltkrieg, als auch fast alle fränkischen Städte im Bombenkrieg zu Ruinenfeldern geworden waren, zeigten die Franken ihre Beharrlichkeit und die Verbundenheit mit dem Überkommenen. Neben dem fränkischen Wirtschaftswunder, an dem maßgeblich Firmen wie Grundig und Rosenthal beteiligt waren, ereignete sich ein fränkisches Aufbauwunder: Das Zerstörte erstand täuschend ähnlich neu, in Nürnberg, in Würzburg und in vielen anderen Orten. Die fränkische Genauigkeit, die kunsthandwerkliche Präzision haben ihren Anteil daran. Doch auch in Franken haben Abriß- und Bausünder ihr Unwesen getrieben. Nachhaltig, geduldig und auch spendenbereit halten Bürgerinitiativen wie die »Schutzgemeinschaft Alt-Bamberg« und die »Freunde Alt-Nürnbergs« dagegen.

Immer beliebter werden originelle Stadtführungen mit Titeln wie »Geister, Sagen und Legenden«, »Bamberger Schleichwegla« (beide in Bamberg) oder »Geschichte für alle« in Nürnberg.

Franken ist längst aus seinem Dornröschenschlummer erwacht, klingt von Festpielmusik allsommerlich zwischen Ansbach und Bamberg, von Würzburg bis Bayreuth. Was Thomas Mann einst über München sagte, trifft heute für das Land zwischen Rhönbergen und Altmühltal zu: Franken leuchtet.

Vom Bauernkrieg zu den Schönborn-Bauherren

Das Frankenland ist prall von Geschichte, Genies und Lebenskunst

Bauernkrieg
1524–25 erhoben sich auch in Franken, besonders in der Gegend von Mergentheim und Rothenburg, die Bauern gegen die Feudalherren. Es war keine Hungerrevolte, vielmehr Empörung gegen Recht- und Wehrlosigkeit. Die Reformation hatte das Verlangen des »kleinen Mannes« nach Gleichheit und Selbstbestimmung biblisch bekräftigt. Ihre Forderungen faßten die Bauern unter der Führung der Ritter Florian Geyer, Götz von Berlichingen und des Kanzlers Wendel Hipler in den »Zwölf Artikeln« zusammen. Widerstand der Obrigkeit und Zorn der Bauern ließ den Aufruhr zum Krieg eskalieren, den die Bauern schließlich verloren.

Bocksbeutel
Qualitätsweine oder gar solche mit Prädikat wie etwa Kabinett und Spätlese gibt es im Frankenland in besonderen Flaschen: rund und breit, flachbauchig, meist grün, doch auch braun und neuerdings hell, in Bauernderbheit wegen ihrer Ähnlichkeit zum Hodensack des Ziegenbocks auch Bocksbeutel genannt. Heute darf innerhalb der EU grundsätzlich nur Frankenwein in den altüberlieferten Bocksbeutelflaschen verkauft werden, Ausnahmegenehmigungen haben in Deutschland nur Weine aus einigen Gemeinden der badischen Ortenau, in Europa einige traditionelle Weinorte in Portugal und Italien.

Die prachtvolle Barockfassade von Vierzehnheiligen strahlt in warmen Ockertönen

Christkindlesmarkt
Weihnachtliche Backwaren, Dekorations- und Geschenkartikel, Spielzeug und viel Lichterglanz sind die Spezialitäten des Marktes, der vom Freitag vor dem 1. Advent bis zum Heiligen Abend auf dem Nürnberger Hauptplatz vor der Frauenkirche abgehalten wird. Wegen der malerischen Geschlossenheit des mittelalterlichen Platzes, des Lichterglanzes, der feierlichen Eröffnung und der musikalischen

Umrahmung ist der Markt eine weltweit bekannte Attraktion. Urkundlich erstmals 1638 erwähnt, geht er auf den im 16. Jahrhundert aufkommenden Brauch zurück, die Kinder am Weihnachtstag zu beschenken.

Albrecht Dürer

Beeinflußt von Reformation und Renaissance, bildet die Kunst Albrecht Dürers einen Höhepunkt der deutschen Malerei. »Dürerzeit« – so wird heute noch die Epoche genannt, die stilbildend für die auf sie folgenden war. Der weltberühmte Sohn Nürnbergs (1471–1528) hatte Goldschmied bei seinem Vater gelernt und war Schüler des Malers Michael Wolgemut. Aus den Formen der Spätgotik führte er die Malerei in die Renaissance. Seit seiner ersten Italienreise beschäftigte er sich besonders mit den richtigen Proportionen bei der Darstellung des Menschen und hinterließ sogar ein theoretisches Werk darüber. Wir bewundern noch heute seine detailgetreuen Naturdarstellungen, seine Selbstporträts und seine Kunst in der Darstellung religiöser Themen sowie seinen Erfindungsreichtum. Dürers Streben, die Gesetzmäßigkeit des Schönen zu entdecken, seine Bevorzugung linearer Genauigkeit ließen ihn auch zum bedeutendsten Kupferstecher und Holzschneider seiner Zeit werden.

Fachwerk

Fachwerk ist eine ganz alte Bautechnik: kräftige senkrechte Balken sind die Ständer, waagerechte die Riegel, dazwischen sorgen schräge Streben für Stabilität. Die Gefache zwischen den Balken sind in Franken meist mit weiß verputzten Ziegeln gefüllt, häufig ist das Untergeschoß aus behauenem Stein. Fränkisches Fachwerk ist von der Form her meist einfach, ohne gebogene oder verzierte Balken. Eine häufig anzutreffende Anordnung ist der »Wilde Mann«, ein Ständer mit je zwei angelehnten Schrägstreben oben und unten.

Genies und Tüftler

Etwas vorher nie Dagewesenes herauszufinden, das lag im 15. und 16. Jahrhundert in Franken überall in der Luft. Die Kunst, auch die im höchsten Grade spezialisierte Handwerkskunst, vereint mit Genauigkeit und Findigkeit, hatte damals in Nürnberg ihr Zentrum. Der gelehrte Regiomontanus, 1436 in Königsberg in Franken geboren, gründete in Nürnberg die erste deutsche Sternwarte und eine mechanische Werkstatt. Seine Berechnungen dienten noch knapp hundert Jahre später der Gregorianischen Kalenderreform.

Auch den Kosmographen Martin Behaim (1459–1507), einen Nürnberger, führte sein Genie in die Ferne: Er war Hofastronom in Lissabon und soll Kolumbus bei seinen Entdekkungsfahrten beraten haben. Sein berühmtes Werk ist der »Erdapfel« von 1492, der erste Globus. Lange verschollen, auf einem Speicher schließlich wiederentdeckt, ist dieser Globus heute im Germanischen Nationalmuseum in Nürnberg zu sehen. Ebenfalls zur Dürerzeit, aber in Nürnberg, arbeitete der Schlosser und Feinmechaniker Peter Henlein. Er erfand die »Unruh« für Uhrwerke und konnte 1510 in seiner

Werkstatt die erste Taschenuhr, das »Nürnberger Ei«, herstellen. Im Bronzeguß tat es der Familie Vischer niemand gleich. Aus ihrer 1453 gegründeten Nürnberger Gießhütte ging über drei Generationen hinweg Metallguß in Vollendung hervor. Vischer-Hauptwerk in Nürnberg: das Sebaldusgrab.

Daß der Mensch rechnen muß, um genau zu arbeiten, führten die Handwerker damals vor. Adam Ries aus dem fränkischen Staffelstein hat die Rechenlehre zur Methode gemacht. Als Bergbeamter in Annaberg veröffentlichte er zu Beginn des 16. Jahrhunderts die ersten Rechenbücher. Seither bestehen wir darauf, daß unsere Zahlen »nach Adam Ries(e)« stimmen müssen.

Häcker

Weil sie mit der Hacke arbeiten, heißen im Fränkischen die Winzer Häcker. Das ganze Jahr über ist im Weinberg etwas zu tun: Rebschnitt im Vorfrühling und das Aufbinden der Reben, die Bodenbearbeitung, das Kürzen der Triebe, die Kontrolle eventueller Schädlinge, das Bewachen des Weinbergs mit den reifenden Trauben und schließlich die Ernte mit den gesetzlich vorgeschriebenen Registrierungen von Menge und Mostgewicht.

Kaspar Hauser

Eine Kriminalgeschichte, die in der Biedermeierzeit wirklich geschehen ist. Mitten in Nürnberg am Unschlittplatz wird eines Tages ein junger Mann, verwahrlost und zurückgeblieben, aufgefunden. Der Findling, der einen Namen angibt, aber nichts über seine Herkunft sagen kann, erweist sich als intelligent und bildungsfähig, obwohl er offensichtlich isoliert und ohne geistige Anregung aufgewachsen ist. Nachdem er bei verschiedenen Nürnberger Bürgern gelebt hat, wird er nach einem Attentat auf ihn nach Ansbach gebracht. Dort wird er fünf Jahre nach seinem Auftauchen von einem Unbekannten im Hofgarten ermordet. Schon zu seinen Lebzeiten gab es abenteuerliche Gerüchte über seine Herkunft, einige Forscher behaupten bis heute, Kaspar Hauser sei ein Prinz aus dem Hause Baden gewesen. Die rätselhafte Geschichte des Kaspar Hauser wurde auch verfilmt, zuletzt 1993 von Peter Sehr.

Lebkuchen

Spontanes Stichwort zu Nürnberg, obwohl es dieses Gewürzgebäck mit Honig auch in anderen fränkischen Orten gibt. Aber nirgends sind sie einerseits so althergebracht und andererseits so industriell vermarktet. Schon im Mittelalter wurden sie an der Pegnitz gebacken, denn es gab den Honig aus dem Reichswald vor den Toren und die exotischen Gewürze Zimt, Nelken, Kardamom, Muskat sowie die südländischen Mandeln durch die Handelsbeziehungen der Reichsstadt. Süßes Gebäck war damals eine Rarität, weil man noch keinen Zucker kannte.

Zum Gedenken an eine große Lebkuchenverteilung Kaiser Friedrichs III. an Nürnberger Kinder im Jahr 1487 fertigte man noch Jahrhunderte später Lebkuchen mit dem Bild des Landesherrn, die »Kaiserlein«. Heute stellen einige Firmen mit langer Betriebstradition Lebkuchen im

Bei Essing fließen Altmühl und Main-Donau-Kanal friedlich nebeneinander

großen Stil und in vielen Variationen her: braune Lebkuchen, solche mit Oblaten und verschiedenem Überzug und die berühmten »Elisen«, deren Teig nicht aus Mehl, sondern aus geriebenen Mandeln und Nüssen gemacht wird. Einige Bäcker und Konditoren backen Lebkuchen noch handwerksmäßig – und alle hüten das Geheimnis ihrer speziellen Gewürzmischungen.

Verwandt mit den Lebkuchen sind die »Eierzucker«, die mit Anis gewürzt sind. Sie werden in kunstvoll geschnitzte Holzmodel gedrückt und zeigen Blumen, Herzen und Szenen aus dem Volksleben.

Main-Donau-Kanal

Mittelfranken ist ein Land der Wasserscheide zwischen Nordsee und Schwarzem Meer, da viele Flüsse zum Main hinströmen (Tauber, Rednitz, Aisch), andere (Wörnitz, Altmühl) zur Donau. Schon Karl der Große erkannte die Vorteile einer Wasserverbindung zwischen Rhein und Donau. Tausend Jahre später war der Ludwig-Donau-Main-Kanal des Bayernkönigs Ludwig I. zu schmal und unwirtschaftlich. Erst zwischen 1960 und 1992 wurde die neue Kanalverbindung als 55 m breite Wasserstraße und Betonrinne gebaut: fast fünf Milliarden Mark teuer und 171 km lang, von Bamberg bis zum niederbayerischen Kelheim, mit 16 Schleusen eines der größten und heftigst umstrittenen Wasserbauwerke unserer Zeit. Gegen die Eingriffe in die Natur legten Natur- und Umweltschützer vergeblich Protest ein: Unersetzliche Tal- und Ortsbilder sind irreparabel in Mitleidenschaft gezogen worden. Wegen der Milliardenkosten gilt der Main-Donau-Kanal vielen als gigantische Fehlinvestition. Auf der anderen Seite steht: Transport auf dem Wasser spart Energie und ist emissionsarm. Zugleich mit dem Kanalbau wurden auch Wasserkraftwerke geschaffen, die bereits ein Viertel der bayerischen Stromerzeugung aus Wasserkraft aufbringen. Die Öffnung Osteuropas könnte die neue Schifffahrtsstraße unentbehrlich und damit auch rentabel machen.

Meterbratwurst
Sulzfeld, südöstlich von Würzburg, ist ein ganz kleines Städtchen mit Mauer und Türmen, darum seit Dürers Zeiten Ziel von Fremden. Und die werden gern auf den Arm genommen, wenn sie die beliebte Sulzfelder Bratwurst kosten wollen: Bei Bestellung einer Wurst kommt mindestens ein Meter (geringelt) auf den Teller.

Reichsparteitagsgelände
Nürnberger Geschichte ist nicht nur Fachwerk- und Burgidyll. Obwohl die Stadt vor 1933 »links« wählte, wurde sie von der Hitler-Partei schon 1927 für ihre Parteitage ausersehen und nach der »Machtergreifung« zur »Stadt der Reichsparteitage« erklärt, in falschem Spiel mit altdeutscher Reichstradition. Vor der Innenstadt liegen die Architekturreste der Reichsparteitage. Nürnberg verleugnet sie nicht, sondern antwortet mit historischer Aufklärung, ohne billige Rechtfertigungshaltung. Dem Zweck dienen Führungen und Ausstellungen, die während der Sommermonate in den Tribünen des Zeppelinfeldes (Eingang Beuthener Straße) stattfinden.

Das gigantomanische Aufmarschgelände (312 x 289 m, mit turmbewehrter Umwallung, bis zu 200 000 Menschen fassend) wurde noch übertroffen vom südlich in der Heidelandschaft des Lorenzer Reichswalds gelegenen Märzfeld, das dreimal so groß geplant war. Dessen Türme wurden 1967 gesprengt, das Gelände zum Teil überbaut. Zum Märzfeld führte die heute noch bestehende Große Straße (60 m breit, von den Amerikanern bis 1968 als Landebahn genutzt), die als Aufmarschlinie mit Blick auf die Nürnberger Burg in der Ferne angelegt ist. Über dem Dutzendteich steht als Torso die dem römischen Kolosseum nachgeprotzte Kongreßhalle, geplant für 50 000 Menschen. Heute wird sie als Zentrum für den Katastrophenschutz und als Lagerhalle genutzt. In einem der Kopfbauten des hufeisenförmigen Baus haben die Nürnberger Symphoniker eine Bleibe. Ins freie Innere des Hufeisens verbringt die Nürnberger Polizei falsch geparkte Fahrzeuge. Achten Sie also in Nürnberg besonders auf die Parkverbote, sonst müssen Sie dem Gelände unfreiwillig einen Besuch abstatten!

Schönborn-Bauherren
Lothar Franz von Schönborn (1655–1729), Fürstbischof von Bamberg, Kurfürst von Mainz, hatte einen »bauwurmb«. Er war der Bauherr der Neuen Hofhaltung in Bamberg und des Schlosses Weißenstein bei Pommersfelden sowie vieler anderer prunkvoller und schlichter Gebäude. Er war Auftraggeber für so berühmte Architekten wie Johann Dientzenhofer und Lucas von Hildebrandt, den er sich von seinem Neffen Friedrich Karl, Vizekanzler in Wien, »auslieh«. Einer seiner vielen anderen Neffen war Johann Philipp Franz von Schönborn, Fürstbischof von Würzburg, der den aus Eger stammenden Balthasar Neumann als Architektengenie entdeckte. Neumann baute für ihn die Würzburger Residenz.

f zur Sonne
Blumen-

Mal Bier, mal Wein, mal kräftig, mal fein

Fränkische Vielfalt deckt den reichen Tisch

So vielgestaltig die Landschaft Frankens ist, so abwechslungsreich sind die Speisen in den verschiedenen Landesteilen. Braten und Wurstwaren sind berühmt, frisches Gemüse und würzige Kräuter wachsen bis vor die Tore Nürnbergs, Wild gibt's in den Wäldern des Fichtelgebirges und der Fränkischen Schweiz, Äpfel, Birnen, Pflaumen und Pfirsiche gedeihen an Sonnenhängen. Die Leute in Franken sind keine Prasser, aber Genießer.

Wer im Land reist, merkt bald, daß es verschiedene Arten der berühmten fränkischen Bratwurst gibt: die fingerkleine würzige Nürnberger, die viel größeren aus der Bamberger Gegend, von denen in alten Zeiten, sagt man, dreie auf ein Pfund gingen; die in Coburg, aus feinem Fleisch, ohne Majoran und so wohlschmeckend, daß es dort verpönt ist, sie mit Senf zu essen. Die Coburger braten sie auf einem Rost über Kiefernzapfenfeuer, die Nürnberger über Buchenholzglut. Dazu gibt es meist ganz mildes, wacholderbeerenwürziges Sauerkraut oder auch Kartoffelsalat. Ungebraten, nämlich als »Blaue Zipfel«, kommen die Bratwürste daher, wenn sie sachte im Sud aus Zwiebeln, Pfeffer und Weinessig gegart werden. Bratwürste als Hauptmahlzeit, das bedeutet bei den Nürnbergern leicht zwölf Stück auf einmal.

»Zwischendurch« gibt's die fränkische Brotzeit, in Würzburg Häcker-Brotzeit genannt. Sie besteht aus geräucherter Leberwurst, Bauernweißem und Rotgelegtem (weißen und rotem Preßsack), geräuchertem Schinken und, damit's langt, kaltem Braten dazu. Zu massig? Man kann es statt dessen mit Nürnberger Gwerch versuchen: einer Mischung aus Preßsack-, Stadtwurst-, Käsestücken und Ochsenmaulsalat. Noch leichter? Ein Gerupfter: zerquetschter Camembert mit Butter, Zwiebeln und Paprika gewürzt. Oder ein Ziebeles-Käs aus Quark, Sahne und Schnittlauch mit Pfeffer.

Gelegenheit zur Einkehr mit kühlender Stärkung gibt es in der Altstadt von Dinkelsbühl reichlich

Schließlich sehr zu empfehlen: Zwiebelkuchen (oder Zwiebelblatz): viel weiche Zwiebeln mit Sauerrahm und Speck auf Hefeteig gebacken.

Sie wollen eine richtige Mahlzeit? Fangen wir mit Suppe an: Pfannkuchensuppe etwa oder Hochzeitssuppe, da schwimmen in Rinderbrühe Grieß-, Leber- und Fleischklöße mit Eierstich um die Wette. Hinter dem Wortgeheimnis »Arpfl«-Suppe verbirgt sich eine Kartoffel-(Erdäpfel-)Suppe, mit Speck, saurem Rahm und Gemüse.

Die Fleischtöpfe sind gefüllt, nicht nur mit besonders knusprigen Schweinshaxen. Da gibt es auch Sauerbraten – Rindfleisch, das in gewürzter Essigmarinade gelegen hat – mit beinahe orientalisch aromatischer Soße, die mit Lebkuchen sämig gemacht wurde. Den Gänsebraten würzt man in Franken kräftig mit Beifuß. Überhaupt macht man sich gern zunutze, daß hier Küchengewürze in Hülle und Fülle wachsen: Knoblauch, der frisch gar nicht streng, nur belebend duftet; Majoran für die Fleischwaren, und das Peterle, wie die Petersilie genannt wird. Kräftig schmeckt der Krautbraten, das ist gutes Hackfleisch in einem Bett von Kohlblättern im Ofen gebacken, oder das Rindfleisch in Weinsoße. Allen Cholesterinwarnungen hohn sprechen die Schlachtschüsseln – aber sie sind zu gut, wenn man vom Wandern hungrig ist! Auch saure Kutteln aus Rindermägen sollte man einmal probieren.

Franken ist aber auch ein Paradies für Fischesser! Natürlich tischt man Süßwasserfische aus den zahlreichen Flüssen und Seen auf: Karpfen aus dem Aischgrund, der gebacken (in Teig getaucht in der Pfanne) oder blau (in saurem Sud gedünstet) serviert wird. Gelegentlich bietet ein Wirt Zander oder Hecht an. Eine Spezialität ist Hechtenkraut: Hechtfleisch schichtweise mit mildem Sauerkraut im Ofen überbacken. In Würzburg mag man »Meefischli« (sie sollen jetzt wieder gedeihen im Main) trotz ihrer Winzigkeit, sie werden mit Kopf und Schwanz knusprig gebraten und mitsamt allen Gräten verzehrt. Zum Nachspülen tut Frankenwein gut!

Beim Thema Gemüse freut sich alles auf die Spargelzeit. Spezielle Nürnberger Zubereitung ist der warme Spargelsalat. Eine andere fränkische Spezialität zur selben Jahreszeit ist ein Salat aus den Spitzen der Hopfenpflanze.

Die Beilagen werden in Franken oft so gut zubereitet, daß sie von den Gästen zur Hauptsache erwählt werden: besonders die Klöß' (hierzulande muß man nicht ausschließlich Knödel sagen, wie in Ober- und Niederbayern). Da sind die rohen Klöß' in Oberfranken, aus Kartoffeln und den thüringischen etwas ähnlich. Anständige Wirtschaften machen sie natürlich selbst, nicht aus der Tüte. Zarter sind die »Seidenklöß'« aus gekochten Kartoffeln, meist mit einem gerösteten Weißbrotbrokken in der Mitte. Aus Weißbrotsemmeln wird der Serviettenkloß gemacht, ein gewichtiger runder Laib, der im Tuch in ein Wasserbad gehängt gar zieht. Man schneidet ihn bei Tisch in Scheiben. Aus Kartoffeln sind »Backes« oder »Bagges«, je nach Zutat salzig oder süß, die fränkische Spielart der Kartoffelpuffer.

An Nürnberger Lebkuchen muß man nicht extra erinnern, auch nicht an die weihnachtlichen Zwetschenmännla aus Dörrpflaumen und Nüssen. In vielen fränkischen Orten gibt es würzige Gebäckspezialitäten, so die Dettelbacher Muskazinen. Desserts sind meist nicht speziell fränkisch, sondern mehr allgemein süddeutsch geprägt: Apfelküchla etwa. Ganz würzburgerisch ist in Frankenwein gedämpfter Apfel mit Mandeln.

Heiter und heilsam: der Frankenwein

Er wächst im milden Unterfranken, und je nach Bodenart – für Kundige: Muschelkalk, Gipskeuper, Buntsandstein – hat er einen anderen Geschmack, denn er wird durch die Mineralien des Bodens beeinflußt. Darüber hinaus charakterisiert die Rebsorte den Wein: zurückhaltend, harmonisch die Silvanerweine, duftig der Müller-Thurgau (diese beiden sind die häufigsten fränkischen Rebsorten), kräftig-spritzig Kerner und Riesling.

Auf den Buntsandsteinböden des Mainvierecks wächst in kleineren Mengen ein hervorragender Rotwein. Besonders angenehme Weine werden durch das »Gütezeichen Franken« des Fränkischen Weinbauverbandes ausgezeichnet. Die Frankenweine sind meist »halbtrocken« oder »trocken« klassifiziert, in Franken dürfen »trockene« Weine nicht mehr als vier Gramm Restzucker pro Liter haben (statt neun Gramm anderswo im EU-Bereich). Das bedeutet keineswegs, daß Frankenwein saurer ist als andere Weine, denn sein Geschmack ist voller Harmonie zwischen fruchtiger Süße und Säure. Das mag der Grund sein, daß Frankenwein als bekömmlich und gesund gilt.

In Franken ist die Tendenz zum ökologischen Weinbau stark. Auch außerhalb des Vereins »Ökologischer Weinbau« bemühen sich sehr viele Winzer um Begrünung der Weinberge und naturnahe Methoden bei Düngung und Schädlingsbekämpfung. Häcker dürfen einige Monate im Jahr ihre eigenen Weine ausschenken, ein grüner Busch weist den Gast auf die gute Gelegenheit hin.

Kein Hopfen und Malz verloren

Franken ist auch ein Bierland. Auf den Hochflächen wächst eine bestens geeignete, eiweißarme Braugerste, die Wasser aus den Gebirgen sind gut und frisch zum Bierbrauen. Neben den Großbrauereien, etwa in Kulmbach, gibt es viele kleine, darunter auch solche, die biologisch angebaute Grundstoffe verwenden. Bei Bierproben kann man mit vielen Biersorten bekannt werden, wie dem Braunbier (Bayreuth), dem Schwarzbier (Kulmbach), dem (Bamberger) Rauchbier, dessen Malz den Geschmack von Buchenholzrauch angenommen hat. Auch naturtrübes Kellerbier wird manchmal ausgeschenkt. Unter dem Namen »Mainfranken Bierwege« werden fünf Routen von einer Traditionsbrauerei zur anderen, mit Kulturprogramm und gemütlicher Einkehr, angeboten, wobei im weinfränkischen Ochsenfurt an den ›Kauzentrunk‹ von 1611, eine Biertrinker-Höchstleistung, angeknüpft wird.
Buchung: Mainfranken Bierwege, Postfach 68 60, 97074 Würzburg

Christbaumschmuck das ganze Jahr

Frankenwein im Bocksbeutel und Lebkuchen, auch Glas, Zinn und Porzellan sind schöne wie traditionelle Geschenke

Der Nürnberger Christkindlesmarkt dauert nicht länger als vier Wochen. Rund ums Jahr ist dagegen Weihnachtsmarkt bei Käthe Wohlfahrt in der Herrngasse in Rothenburg. Ein IBM-Manager hatte die Geschäftsidee seines Lebens und baute für amerikanische und japanische Touristen »Käthe Wohlfahrts Weihnachtsdorf« auf. Inzwischen wurden aus einem bereits vier Rothenburger Wohlfahrt-Läden. An Stauwochenenden kostet es drei Mark, auch nur durch die Tür zu gehen.

Wer schon genug Christbaumkugeln hat, kommt im Mai oder September zum Trempelmarkt in Nürnberg, einem der größten Altstadtflohmärkte. Für Freunde edlerer Antiquitäten empfehlen sich Würzburg und Bamberg mit guten Adressen.

Viele echt fränkische Souvenirs sind eß- oder trinkbar – Lebkuchen, Wein, Winzersekt und Bier. Die Wahl eines Frankenweins aus der Fülle guter und bester Lagen ist nicht leicht. Wer sich nicht mit Johann Wolfgang von Goethe an den bewährten Würzburger Stein hält (der älteste Lagenname in deutschen Weinbaugebieten!), kann sich im »Haus des Frankenweins« in Würzburg Rat holen. Dort, aber natürlich auch bei vielen Winzern und Winzergenossenschaften, finden Weinproben statt. Beim Winzer kauft man meist günstiger als im Laden.

Aus der Tradition des Bergbaus im Fichtelgebirge kommt die fränkische Freude an hübschen Zinnfiguren (preisgünstig ohne Bemalung, teurer bemalt), aus der Glasbläser- und Porzellantradition Oberfrankens das Angebot an Glas-, Porzellan- und Keramiksouvenirs. Auch da brachte es eine fränkische Firma zum Welterfolg: die W. Goebel Porzellanfabrik in Coburg-Rödental mit den putzigen Kinderfiguren nach Zeichnungen der Schwester Maria Innocentia Hummel. Preise der Hummelfiguren: um die 100 bis zu mehreren tausend Mark.

Zentrum des Puppenlandes Franken ist Neustadt bei Coburg, mit Künstlerpuppen-Messe und Sammlerbörse.

Als glühweinduftender, glitzernder Weihnachtstraum zeigt sich Nürnberg beim Christkindlesmarkt

Sommerliches Festspielland

Ob Wagner, Mozart oder Hans Sachs – zum Kunstgenuß gehört in Franken immer auch der Wein

Ein Leporello mit sieben engbedruckten Seiten: das ist der Terminkalender der rund 160 fränkischen Wein- und Winzerfeste. Und seit Jahren bieten Mitglieder des *Verbands Deutscher Prädikats- und Qualitätsweingüter (Auskunft: Geschäftsstelle VDP-Franken, 96160 Gräfenneuses/Geiselwind, Tel. 09556/98 10 29, Fax 98 10 31)* ein originelles Festprogramm.

Lebhaft und vergnügt geht es bei den vielen Brauchtumsfesten zu. In den katholischen Gegenden Frankens erlebt man fröhliches Faschingstreiben, Tradition haben dort auch Fronleichnamsprozessionen. Bunte Osterbrunnen werden geschmückt, hohe Maibäume aufgestellt und Johannisfeuer abgebrannt. Allerorten feiert man fröhlich Kirchweih, bei schönem Wetter sowieso im Biergarten, und wer eine dekorative historische Kulisse bieten kann, inszeniert seine Freilichtspiele. Wen es zu den Festspielen nach Bayreuth oder Würzburg zieht, der muß früh bestellen – und noch Glück haben, überhaupt Karten zu bekommen! Ob fein oder rustikal – gefeiert wird in Franken immer.

Bevor die Bläser vom Balkon zum nächsten Akt blasen, ist für die Bayreuther Operngäste noch Zeit zum Sehen und Gesehenwerden

GESETZLICHE FEIERTAGE

1. Januar *Neujahr*
6. Januar *Heilige Drei Könige*
Karfreitag
Ostermontag
1. Mai *Tag der Arbeit*
Christi Himmelfahrt
Pfingstmontag
Fronleichnam
15. August *Mariä Himmelfahrt*
3. Oktober *Tag der Deutschen Einheit*
1. November *Allerheiligen*
25./26. Dezember *Weihnachten*

FESTIVALS UND LOKALE VERANSTALTUNGEN

Januar

Coburg: *Neujahrskonzert »Johann Strauß«*
Nürnberg: *Tage der alten Musik*
Würzburg: *Internationales Filmwochenende*

März

Erlangen: *Fränkischer Ostereiermarkt*

April

Kirchehrenbach: ◉ *Walberla-Fest* (bis Mai)

Mai

Bayreuth: *Fränkische Festwoche* (bis Juni)

Erlangen: *Bayerische Theatertage* (bis Juni)

Neustadt bei Coburg: *Puppen-Festival*

Nürnberg: *Kaiserburgkonzerte* (bis August)

Nürnberg: ★ 🯅 *Festival Jazz Ost-West.* Neue, junge Gruppen musizieren ebenso wie Jazz-Stars

Rothenburg: *Der Meistertrunk* (wiederholt im Juni, Juli, Sept., Okt.)

Vierzehnheiligen: Hier wie in anderen fränkischen Kirchen und Klöstern kann man das Jahr hindurch die festlichen Konzerte des *Musiksommer Obermain* hören.

Würzburg: ★ *Würzburger Barockfest.* Barockkonzert im Kaisersaal und Galamenü mit Frankenweinen in der Residenz

Juni

Bad Kissingen: *Kissinger Sommer* – Internationales Musikfestival

Coburg: *Eckardtsturmfest* mit Sonnwendfeuer

Coburg: ★ *Johann-Strauß-Musiktage* (bis Juli). Stimmung im Dreivierteltakt

Dettelbach: *Romantik und Wein*

Dinkelsbühl: *Freilichtspiele*

Feuchtwangen: *Kreuzgangspiele* (bis August)

Nürnberg: *Norisring-Rennen* um die 200 Meilen von Nürnberg

Nürnberg: *Internationale Orgelwoche* (bis Juli)

Nürnberg: *Musica Franconia,* Tage der alten Musik

Würzburg: *Mozartfest,* ein internationales Musikereignis

Wunsiedel: ★ *Luisenburg-Festspiele*

Die Kinderzeche von Dinkelsbühl wird mit bunten Festzügen gefeiert

MARCO POLO TIPS FÜR FESTE

1 **Barockfest Würzburg**
Frankens weinkulturelles Ereignis Nr. 1 ist ohnegleichen (Seite 24)

2 **Festival Jazz Ost-West**
Nürnbergs historische Mittlerrolle zwischen Ost- und Westeuropa, diesmal nach Noten (Seite 24)

3 **Johann-Strauß-Tage**
Die Ehescheidung machte den Wiener Walzerkönig zum Coburger (Seite 24)

4 **Kinderzeche**
Historisches Kostümspektakel in den alten Gassen von Dinkelsbühl (Seite 25)

5 **Luisenburg-Festspiele**
Auf der romantischsten Naturbühne Frankens wird unterhaltsames Theater gespielt (Seite 24)

6 **Sandkerwa**
Zur »Sandkirchweih« laufen die lebenslustigen Bamberger zu großer Form auf (Seite 25)

Theatervergnügen auf Deutschlands ältester Freilichtbühne (bis Ende August)

Juli
Ansbach: *Rokoko-Festspiele* im Hofgarten vor der Orangerie
Bayreuth: *Richard-Wagner-Festspiele*, ein Kult- und Musikereignis (bis Ende August)
Coburg: *Samba-Festival*
Dinkelsbühl: ★ *Kinderzeche*, in Erinnerung an den Dreißigjährigen Krieg
Kulmbach: *Altstadt- und Bierfest*
Nürnberg: Das *Bardentreffen* in der Altstadt ist Deutschlands größtes »Umsonst + Draußen-Festival«

August
Ansbach: *Ansbacher Bachwoche* (alle ungeraden Jahre)
Aschaffenburg: *Schloßweinfest*
Bamberg: ★ Beliebtes Volksfest ist die *Sandkerwa* mit »Fischerstechen«
Nürnberg: *Hans-Sachs-Spiele*

September
Lichtenfels: *Korbmarkt.* Altstadtfest und einziger Spezialmarkt für Korbwaren in Deutschland
Rothenburg: *Reichsstadt-Festtage*
Schwabach: *Schwabacher Jazzfest*

Oktober
Ansbach: *Ansbacher Jazzfest*
Hof: *Internationale Hofer Filmtage*

November
Ansbach: Die *Kaspar-Hauser-Woche* (in geraden Jahren) geht den Spuren der Legende nach
Bamberg: *Kabarett-Tage* (bis Dezember)
Nürnberg: *Christkindlesmarkt* (bis kurz vor Weihnachten)

Dezember
Rothenburg: *Weihnachtsmarkt*
Nürnberg: *Europäisches Dance-Festival, Christkindlesmarkt*
Bamberg: auf dem *Krippenrundweg* kann man 29 Krippen bewundern. Bamberg hat auch eine Krippenbauschule

Kaiserburg und neue Stadtkultur

Die Dürer- und Meistersingerstadt bietet Musik, Mode und Amüsement

Am Hauptbahnhof einer Industriemetropole aussteigen und gleich die trutzigen Türme der mittelalterlichen Stadtmauer im Blick haben – welche Halbmillionenstadt bietet das schon? Einer großen Vergangenheit im Zeichen von Kaisern und Patriziern kann man in »des deutschen Reiches Schatzkästlein« ebenso begegnen wie einer lebendigen Kulturszene mit viel Musik, experimentellem Theater und Sport. Das Nürnberg-Klischee von Christkindlesmarkt, Lebkuchen, Rostbratwürsten und NS-Reichsparteitagen ist die Überprüfung in jedem Falle wert.

Millionenfach auf Lebkuchenpackungen: Nürnbergs runde Tortürme

Wichtigste Stationen der seit dem Jahr 1050 beurkundeten Stadtgeschichte: 1219 bestätigt der Stauferkaiser Friedrich II. im »Großen Freiheitsbrief« die Reichsunmittelbarkeit, 1356 erläßt Kaiser Karl IV. die »Goldene Bulle«, ein Grundgesetz des »Heiligen Römischen Reiches Deutscher Nation«, 1524/25 wird die protestantische Konfession eingeführt. 1806 kommt Nürnberg zum Königreich Bayern, 1835 fährt die erste deutsche Eisenbahn von Nürnberg nach Fürth. Die am 2. Januar 1945 zu 90 Prozent zerstörte Altstadt konnte bis 1966 großenteils wieder aufgebaut werden. 1991

Hotel- und Restaurantpreise

Hotels
Kategorie 1: über 180 Mark
Kategorie 2: 120–180 Mark
Kategorie 3: bis 120 Mark

Preis pro Nacht für zwei Personen im Doppelzimmer mit Dusche/WC und Frühstück.

Restaurants
Kategorie 1: über 25 Mark
Kategorie 2: 15 bis 25 Mark
Kategorie 3: bis 15 Mark

Preis für ein Hauptgericht ohne Vor- und Nachspeise und ohne Getränke.

Aufstieg zur Kaiserburg mit dem besten Blick auf Nürnberg

wurde das Frankenstadion, 1992 der Main-Donau-Kanal, 1993 der Erweiterungsbau des Germanischen Nationalmuseums eröffnet. Seit 1995 wird der internationale Nürnberger Menschenrechtspreis verliehen. **(114/A-B 2-3)**

☛ Stadtplan in der hinteren Umschlagklappe

BESICHTIGUNGEN

Ehekarussell-Brunnen (U/B 4)
Der Schusterpoet Hans Sachs (1494–1576) inspirierte mit seinem Gedicht »Das bittersüß' ehlich' Leben« den Braunschweiger Jürgen Weber zu diesem originellen Bronzebrunnen (1977–84). *Am Weißen Turm/ Breite Gasse*

Frauenkirche (U/D 3)
Mit schöner Portalvorhalle (Paradies) und Westfassade zum Hauptmarkt, als erste Hallenkirche Frankens 1352–61 erbaut. Die Kunstuhr im Giebel schuf Jörg Heuß, ein Beispiel früher Nürnberger Mechanik mit dem »Männleinlaufen« – pünktlich um 12 Uhr treten die sieben Kurfürsten heraus und huldigen dem Kaiser. *Hauptmarkt, Mo–Sa 9–18, So 12.30–18 Uhr*

Heilig-Geist-Spital (U/D 3)
Malerischer Gebäudekomplex aus dem 14. Jh., als Sozialstiftung gegründet, mit der Kreuzigungsgruppe von Adam Kraft im Innenhof. *Spitalgasse*

Kaiserburg (U/C-D 1-2)
★ Wichtige Residenz der deutschen Kaiser, die in Nürnberg auch ihre Kroninsignien bewahrten (sie befinden sich heute zum Verdruß der Nürnberger in Wien). An den Komplex der Kaiserburg mit Palas, romanischer Doppelkapelle, Kaisersaal und Sinwellturm schloß sich die bereits 1420 großenteils zerstörte Burggrafenburg der Hohenzollern an. Neben dem reichsstädtischen Luginslandturm baute

Hans Behaim d.Ä. 1494/95 die Kaiserstallung mit sechs großen Getreideböden – heute ist sie eine der schönsten Jugendherbergen Deutschlands. Von der Burgfreiung hat man den besten Ausblick auf die Altstadt. *April–Sept. tgl. 9–12 und 12.45 bis 17 Uhr, Okt.–März 9.30–12 und 12.45–16 Uhr*

Schöner Brunnen **(U/C 3)**
Die fast 20 m hohe achteckige Steinpyramide über dem Brunnenbecken ist dekorativ mit Evangelisten, Propheten, Kurfürsten und antiken Helden geschmückt (insgesamt 40 Figuren, die Originale finden Sie im Germanischen Nationalmuseum). Im kunstvollen Gitter ein beweglicher Ring – ihn zu drehen bringt Glück, sagt man. *Hauptmarkt*

Sternwarte **(O)**
Freitags und samstags halbstündliche Führungen (Beobachtungen) nach Einbruch der Dunkelheit, bei bedecktem Himmel Tonfilm-Vorführung. *Eintritt frei, Regiomontanusweg 1*

St.-Lorenz-Kirche **(U/D 4)**
Südlich der Pegnitz entstand seit etwa 1270 die St.-Lorenz-Kirche mit der lebensgroßen Verkündigungsgruppe von Veit Stoß (Englischer Gruß). Wunderschöne Glasfenster, 20 m hohes Sakramentshaus von Adam Kraft. *Mo–Sa 9–17, So 13–16 Uhr, Lorenzer Platz*

St.-Sebaldus-Kirche **(U/C 2)**
Großartiger romanisch-gotischer Bau (begonnen um 1230) mit dem berühmten Grabmonument für den Stadtpatron Sebaldus, das Peter Vischer in figurenreichem Messingguß schuf. *Pfingsten bis Aug. 9.30–20 Uhr, Sept.–Dez., März bis Pfingsten 9.30–18, Jan. und Feb. 9.30–16 Uhr, Sebalder Platz*

Tiergarten **(O)**
Größter deutscher Landschaftszoo (63 ha) mit weitläufigen Freigehegen, Tropenhaus und Delphinarium. Von Ostern bis Oktober fährt die Kleinbahn »Adler«, eine Nachbildung der ersten deutschen Eisenbahn. *20. März–9. Okt. tgl. 8–19.30 Uhr,*

MARCO POLO TIPS FÜR NÜRNBERG

1 Germanisches Nationalmuseum
Von Martin Behaims »Erdapfel« bis zur neuen »Straße der Menschenrechte«: Kultur, die uns angeht (Seite 30)

2 Kaiserburg
Hier gingen die Staufer aus und ein, und Kaiser Karl IV. erließ die »Goldene Bulle« (Seite 28)

3 Trempelmarkt
Zweimal im Jahr wird die ganze Nürnberger Altstadt zum Flohmarkt (Seite 32)

4 Verkehrsmuseum
Wo einst die erste deutsche Eisenbahn dampfte, wird heute Technik und Geschichte des Verkehrs attraktiv ausgestellt (Seite 31)

10. Okt.–19. März tgl. 9–17 Uhr, im Stadtteil Zerzabelshof

Vorstadt St. Johannis **(O)**
Westlich vom Hallertor suchten Nürnberger schon im Mittelalter Erholung, hier aquarellierte der junge Dürer seine ersten Landschaftsbilder. Bei der Hallerwiese liegt malerisch »Klein-Venedig«, am »Riesenschritt«, ein wiederhergestellter Barockgarten. Höhepunkt: der St.-Johannis-Friedhof, auf dem Albrecht Dürer, Veit Stoß und Wenzel Jamnitzer ruhen. *Okt.–März tgl. 8–17 Uhr, April bis Sept. 7–19 Uhr, Johannisstraße*

Weinstadel **(U/B–C 3)**
Das ehemalige Aussätzigenasyl, das später als Weinlager genutzt wurde, ist einer der größten deutschen Fachwerkbauten (von 1448). Das benachbarte Unschlitthaus war 1490 Nürnbergs erstes Kornlager. Der Henker wohnte nahebei, noch heute überquert man die Pegnitz auf dem »Henkersteg«.

MUSEEN

Albrecht-Dürer-Haus **(U/C 2)**
Die letzten zwei Jahrzehnte seines Lebens, von 1509 bis 28, wohnte der Meister in diesem um 1420 erbauten Haus, das im Zweiten Weltkrieg beschädigt, aber nicht zerstört wurde. Multivisionsschau über das Leben und die Werke Albrecht Dürers. *Di–So 10–17 Uhr, Do 10–20 Uhr, Tiergärtnertor*

Centrum Industriekultur mit Motorradmuseum und Schulmuseum **(O)**
Geschichte der Industrialisierung, interessante Sonderausstellungen. *Di–Do, Sa, So 10–17 Uhr, Äußere Sulzbacher Str. 62*

Faszination und Gewalt **(O)**
Ausstellung über den Nationalsozialismus in Nürnberg. Im September 2000 wird das neue Dokumentationszentrum Reichsparteitagsgelände diese Ausstellung ablösen. *Mai–Okt. Di–So 10–18 Uhr, Mittelbau der Zeppelintribüne auf dem ehemaligen Reichsparteitagsgelände*

Germanisches Nationalmuseum **(U/C 5)**
★ Die größte Sammlung zur deutschen Kunst und Kultur, mit großartigen mittelalterlichen Gemälden, Skulpturen, Glasfenstern, Goldschmiedearbeiten und dem ältesten Globus der Welt von 1492/94. *Di–So 10–17, Mi 10–21 Uhr, Kartäusergasse 1*

Kunsthalle am Marientor **(U/E 4–5)**
Ausstellungen zeitgenössischer Kunst. *Do–So 10–17 Uhr, Mi bis 20 Uhr, Lorenzer Str. 32*

Lochgefängnisse **(U/C–D 3)**
Mittelalterliches Gefängnis mit Folterkammer im Alten Rathaus, in einem Nebenraum der Rathaushalle Kopien der Reichskleinodien. *Di–So 10–16.30 Uhr, Mitte Okt.–Anfang April Sa und So geschlossen. Während des Christkindlesmarktes tgl. geöffnet, Rathausplatz 2*

Naturhistorisches Museum **(U/E 4)**
Regionale Vor- und Frühgeschichte, Geologie, Völkerkunde. *Mo, Di, Do, Fr 10–13 und 14 bis 16 Uhr, So 13–17 Uhr, Gewerbemuseumsplatz 4*

Spielzeugmuseum der Stadt Nürnberg **(U/C 3)**
🚸 »Nürnberger Tand« aus fünf Jahrhunderten: Das Museum entstand aus einer großen Privat-

Dampfroß aus Großvaters Zeiten im Nürnberger Verkehrsmuseum

sammlung. *Di–So 10–17, Mi bis 21 Uhr, Karlstr. 13–15*

Stadtmuseum **(U/C 2)**
Das im Fembohaus untergebrachte Museum für fränkische Wohnkultur, Münzen und Fayencen wird 1999 wieder für Besucher geöffnet. *Burgstraße 15*

Verkehrsmuseum Nürnberg **(U/C 6)**
★ 🚸 Zwei Museen: Das DB-Museum zeigt die Geschichte der Eisenbahn mit einer großen Modellsammlung und vielen Originalfahrzeugen auf 360 Gleismetern. Das Museum für Post und Kommunikation stellt mit Kutschen und Postkraftfahrzeugen in Original und Modellen die Geschichte der Post in Bayern dar. Es zeigt außerdem Telefon- und Vermittlungstechnik sowie ein Briefmarkenkabinett. *Di–So 9–17 Uhr*

Das *Tucherschlößchen* **(U/E 2)** in der Hirschelgasse ist bis auf weiteres wegen Umbauten geschlossen.

RESTAURANTS/CAFÉS

Albrecht-Dürer-Stube **(U/C 2)**
Traditionell fränkisches Lokal. *Mo–Fr 18–24, Fr auch 12–14 Uhr, Albrecht-Dürer-Str. 6, Tel. 0911/ 22 72 09, Kategorie 2*

Café am Trödelmarkt **(U/C 3)**
Ausblick auf Pegnitz und Henkersteg. *Mo–Sa 9–19, Do bis 20, So 11–18 Uhr, Trödelmarkt 42, Tel. 0911/20 88 77, Kategorie 2*

Essigbrätlein **(U/C 2)**
Hochkarätige, junge Küchenbrigade, ostasiatische Gewürzüberraschungen. *Di–Fr 12–15 und 19 bis 1 Uhr, Sa nur abends, Weinmarkt 3, Tel. 0911/22 51 31, Kategorie 1*

Forum Bistro-Buffet im Germanischen Nationalmuseum **(U/C 5)**
🚸 Frische ist Trumpf, die Auswahl an Salaten groß. Mit Selfservice. Im Café-Restaurant »EssenWein« kann man auch draußen sitzen. *Di–So 10–17, Mi bis 21 Uhr, Kartäusergasse 1, Tel. 0911/133 12 17, Kategorie 3*

Kettensteg **(U/C 3)**
Urgemütlich, sommers auch im Freien an der Pegnitz. *Tgl. 11.30–24, Sa und So bis 1 Uhr, Maxplatz 35, Tel. 0911/22 10 81, Kategorie 2*

Rottner **(O)**
Beliebtes kulinarisches Ausflugsziel in Großreuth. *Mo–Fr 12–14, 18.30–21.30 Uhr, Sa nur abends, Winterstr. 15, Tel. 0911/61 20 32, Kategorie 1*

Schindlerhof **(O)**
Restaurant, Landhotel und Biergarten. *Tgl. 12–14.30 und 17.30 bis 24 Uhr (warme Küche bis 22 Uhr), Steinacher Str. 6–8, Nürnberg-*

Boxdorf, Tel. 0911/930 20, Fax 930 26 20, Kategorie 1–2

Trödelstuben **(U/C 3)**
Butzenscheiben und eine Fülle von Antiquitäten. *Mo–Sa 15 bis 24 Uhr, Trödelmarkt, Tel. 0911/22 48 96, Kategorie 2*

EINKAUFEN

Nürnberg ist ein beliebtes Einkaufsziel für das ganze Umland. Die Kaiserstraße südlich der Pegnitz ist die noble Einkaufsmeile mit schicken Boutiquen. In der Königstraße findet man die großen Kaufhäuser, im *Handwerkerhof Nürnberg* am Königstor (gegenüber dem Bahnhof) viele Kunsthandwerk- und Souvenirläden in nachgestellter historischer Kulisse.

E + R Kistner **(U/C 2)**
Alte Stadtansichten, Landkarten und antiquarische Bücher in edler Auswahl. *Weinmarkt 6*

Puppendoktor **(U/C 2)**
Einer der kleinsten Läden Nürnbergs, mit vielen Schöpfungen der Puppenmacherin Rose Weihreter. *Mo–Fr 11–18 Uhr, Untere Krämersgasse 16*

Trempelmarkt **(U/C 3)**
★ Alljährlich zweimal, im Mai und im September, findet in der Altstadt einer der größten Flohmärkte weit und breit statt.

HOTELS

Bayerischer Hof **(O)**
Garni mit freundlichem Service und großem Frühstück. *79 Zi., Gleißbühlstr. 15, Tel. 0911/232 10, Fax 232 15 11, Kategorie 1–2*

Burghotel **(U/D 2)**
Im historischen Burgviertel, mit Schwimmbad, garni. *46 Zi., Schildgasse 14–16, Tel. 0911/20 30 40, Fax 22 65 03, Kategorie 1–2*

Jugend-Hotel Nürnberg **(O)**
Außerhalb gelegen, aber gute Verkehrsanbindung. *135 Betten (Mehrbettzimmer), Rathsbergstr. 300, Buchenbühl, Tel. 0911/521 60 92, Fax 521 69 54, Kategorie 3*

Maritim Hotel **(U/D 6)**
Komfort nahe beim Bahnhof, Pianobar, Hallenschwimmbad mit Sauna. *316 Zi., Frauentorgraben 11, Tel. 0911/236 30, Fax 236 38 36, Kategorie 1*

SPIEL UND SPORT

Fußball
Kartenvorverkauf für den 1. FC Nürnberg *Tel. 0911/94 07 90, Fax 940 79 77*

Norisring **(U/F 3–4)**
Seit 1947 bieten die »200 Meilen von Nürnberg« Rennsport der Extraklasse. Man kann auch beim Training zusehen. Info und Karten: *MotorSportClub Nürnberg, Äußere Sulzbacher Str. 98, 90489 Nürnberg, Tel. 0911/59 70 51, Fax 59 70 52*

AM ABEND

Cinecittà **(U/E 4)**
Seit Oktober 1995 eine neue »Kinostadt« für 3000 Zuschauer mit dem aktuellen Programm. *Am Gewerbemuseumsplatz*

Don't Panic **(U/D 5)**
✝ Beliebte Disko. *Mi, Fr 20–1, Sa 20–3 Uhr, Königstr. 93, Tel. 0911/22 14 63*

Ein Chörlein, kein Erker!

Unterwegs in Nürnbergs Straßen und Gassen sieht man an vielen alten Häusern kleine eingeschossige Anbauten, aus Stein oder Holz, meist in Höhe des ersten oder zweiten Stockwerks. Ursprünglich wurden dort, wie im Chor der Kirche, eine Madonna oder private Altäre aufgestellt. Andere Verzierungen der Fassaden waren nicht erlaubt. Seit dem Barock wurden sie immer größer und prächtiger und dienten auch als Erweiterung der Wohnräume oder als »Schreibstüblein«, nicht zuletzt zum neugierigen Blick auf die Straße. Chörlein sehen aus wie Erker – in Nürnberg aber heißen sie Chörlein. Erker nennt man in Nürnberg die Gauben.
Besonders schöne Chörlein sieht man am Sebalder Pfarrhof (aus Stein, um 1480) oder aus Holz und vom Ende des 17. Jhs. in der Weintraubengasse 6; ein typisches Beispiel aus der Spätbarockzeit findet sich in der Albrecht-Dürer-Straße 11.

Jazz Studio Nürnberg e. V. **(U/D 1)**
Gute Adresse in der Szene. *Paniersplatz 27–29, Tel. 0911/22 43 84*

Mach 1 **(U/C 4)**
Schickimicki-Edelschuppen für Diskofans. *Do–So 22–4 oder 5 Uhr, Kaiserstr. 1–9, Tel. 0911/20 30 30*

Meistersingerhalle **(O)**
Kongreß- und Kulturzentrum, Konzerte. *Münchner Str. 21, Tel. 0911/49 20 11, Fax 46 33 16*

Mummpitz-Theater **(O)**
Für Kinder und Jugendliche. *Steinstr. 21, Tel. 0911/39 03 30*

Paradies Travestie Cabaret **(O)**
Große Travestieshow. *Bogenstr. 26, Tel. 0911/44 39 91*

Städtische Bühnen **(U/C 6)**
Opern- und Schauspielhaus. *Richard-Wagner-Platz 2–10, Kartenreservierung Tel. 0911/2 31 38 08*

Wax Lounge **(U/E 6)**
Hotelbar mit angenehmem Ambiente, »In«-Treff, gestyltes Publikum. *So–Mi 19–1 Uhr, Do–Sa 19–3 Uhr, im Bavarian American Hotel, Bahnhofplatz 5, Tel. 0911/ 21 44 81 11*

AUSKUNFT

Congress- und Tourismus-Zentrale **(U/D 6)**
Frauentorgraben 3, 90443 Nürnberg, Tel. 0911/233 60, Tourist-Information Tel. 0911/23 36-131, Zimmervermittlung 0911/233 61 21, Fax 233 61 66, www.nuernberg.de

Tourist-Information des Verkehrsvereins **(U/C–D 3)**
Hauptmarkt 18 (auch Kartenvorverkauf), Tel. 0911/233 61 35
Im Hauptbahnhof, Tel. 0911/ 2336-131 bis 133
Aktuelle Informationen über Veranstaltungen bieten z. B. »Das aktuelle MonatsMagazin« und der »Plärrer«.

Unkonventionelle Nürnberg-Streifzüge organisiert der junge Verein »Geschichte für alle e. V.« *(Tel. 0911/33 27 35)* mit Themen wie »Von der Burg zum Hauptbahnhof«, »Leben im mittelalterlichen Nürnberg«, »Das ehemalige Reichsparteitagsgelände«, »Festungsbauer und Fließbandarbeiter – Fremde und Ausländer in Nürnberg«.

ZIELE IN DER UMGEBUNG

Altdorf **(114/B 3)**
Von 1628 bis 1809 Bayerns protestantische Universität. Aus dem Mittelalter und dem 16. Jh. sind stattliche Gebäude erhalten: besonders schön das Rathaus, die Stadtpfarrkirche St. Laurentius mit Professorenstühlen, das ehemalige Universitätsgebäude mit dem Athenebrunnen und das Obere Tor. Rundum locken Wälder, Felsschluchten und der idyllische Ludwigkanal.

Burgenstraße
Über 70 Burgen und Schlössern, darunter etlichen fränkischen, begegnet man auf der Burgenstraße. Schloßhotels oder Schloßrestaurants gibt es in Ansbach, Bamberg, Bayreuth, Coburg, Gößweinstein, Kronach, Kulmbach, Lichtenfels, Roth und Schloß Rabeneck. *Auskunft: Arbeitsgemeinschaft »Die Burgenstraße«, Rathaus, 74072 Heilbronn, Tel. 07131/56 22 71, Fax 56 31 40*

Cadolzburg **(113/F 2)**
Hoch über dem Städtchen Cadolzburg richteten sich die Nürnberger Burggrafen aus dem Hause Hohenzollern eine zweite Residenz ein, als Nürnbergs Bürger sie aus ihrer freien Reichsstadt verdrängten. 1945 wurde der Bau samt kostbarer Kunstsammlung durch Brand zerstört. Mit dreifachem Mauerring, Torturm, Vorburg und Hauptburg ist das eindrucksvolle Ensemble in Teilen wieder zugänglich, die Wiederherstellung soll bis 1999 abgeschlossen sein.

Erlangen **(114/A 1)**
Unter den mittelalterlich verwinkelten und ummauerten Altstadtlandschaften Frankens ist Erlangens (101 000 Ew.) »Neustadt« mit ihrem klar geometrischen Straßennetz die Ausnahme, obwohl sie mittlerweile auch schon drei Jahrhunderte alt ist. Markgraf Christian Ernst von Bayreuth ließ die Stadt von 1686 an für hugenottische Flüchtlinge und zugleich für die eigenen fürstlichen Bedürfnisse bauen. Das Schloß und der Schloßgarten mit dem üppigen Hugenottenbrunnen, vor allem aber das Markgrafentheater im Rokokostil erinnern an Erlangens Residenzzeiten. Gleich beim Schloß: die traditionsreiche *Oppelei* (seit 1810!), mit holzgetäfelter Gaststube und Innenhofgarten. *Do–Di 11.30–14 und 17.30–23 Uhr, Halbmondstr. 4, Tel. 09131/215 62, Kategorie 2*

Feucht **(114/B 3)**
Die Nürnberger machen gerne Ausflüge in den Lorenzer Reichswald um Feucht und ins romantische Schwarzachtal. Früher bauten Nürnbergs reiche Patrizier in Feucht ihre Schlösser: Das Zeidlerschlößchen, das Tucherschloß und das Pfinzingschloß sind erhalten. Das letztere hatte der Raketeningenieur und »Vater der Raumfahrt« Hermann Oberth (1894–1989) erworben, dort wurde das *Hermann-Oberth-Museum* eingerichtet. *Mi, Sa, So 14–17 Uhr und nach Vereinbarung, Hermann-Oberth-Schloß, Tel. 09128/35 02*

Hersbruck **(114/C 2)**
Das malerische Städtchen (12 000 Ew.) ist der Hauptort der »Hersbrucker Schweiz«, einer Wanderlandschaft zwischen den bizarren Felswänden des Pegnitztals. Im *Deutschen Hirtenmuseum* werden Hirtengewänder, Musikinstrumente der Hirten und Herdengeläute aus aller Welt gezeigt *(Di–So 10–12 und 14–16 Uhr, Eisenhüttlein 7, Tel. 09151/21 61).*

Im benachbarten *Happurg* bietet das Flair-Hotel *Kainsbacher Mühle* hervorragende Küche, Sport und Komfort. *30 Zi., Mühlgasse 1, 91230 Happurg-Kaisbach, Tel. 09151/72 80, Fax 72 81 62, Kategorie 1*

Lauf an der Pegnitz **(114/B 2)**
Der hochragende Turm der gotischen St.-Johannis-Kirche, der Marktplatz mit dem behäbigen Alten Rathaus und die Stadttore geben dem gemütlichen Städtchen (24 000 Ew.) ein schönes Ambiete; das Wenzelschloß (auch »Kaiserburg«) auf einer Pegnitzinsel lohnt die Besichtigung. Empfehlenswert ist das rustikal-gutbürgerliche Restaurant *Altes Rathaus* in demselben. *Di–So 11–14 und 17–22 Uhr, Marktplatz 1, Tel. 09123/27 00, Kategorie 2*

Main-Donau-Kanal **(114/A 1–C 5)**
Mit dem Schiff geht es Di–Do über Erlangen nach Forchheim (ab Nürnberg-Gebersdorf), Sa bis So nach Berching im Altmühltal (ab Nürnberger Hafen). *Neptun Personen-Schiffahrt, Tel. 0911/67 47 75*

Roth **(114/A 4)**
Christbaumschmuck wird schon seit Jahrhunderten produziert, Gold- und Silberdraht zu Litzen und Tressen verarbeitet, ein Handwerk, das hugenottische Flüchtlinge nach Roth brachten. Im *Fabrikmuseum* wird dieses sogenannte »leonische Gewerbe« (nach der Stadt Lyon) gezeigt. *März–Okt. Sa und So 13.30–16.30, Aug. auch Mi 13.30–16.30 Uhr, Otto-Schrimpff-Str. 16, Tel. 09171/80 61 08.* Im Jagdschloß Ratibor tafelt man in den *Renaissancestuben Schloß Ratibor* bei böhmischer Küche und delikatem Fisch. *Di bis Sa 11.30–14 und 17.30–22 Uhr, Hauptstr. 1, Tel. 09171/65 06, Kategorie 1*

Schnaittach **(114/B 2)**
In Deutschland einzigartig ist das Ensemble aus Synagoge, Rabbinerhaus und Ritualbad. In Schnaittach zeigt seit 1996 das *Jüdische Museum Schnaittach (Mai bis Okt. Mi–So 11–17 Uhr, Nov. bis April nur So 11–17 Uhr, Museumsgasse 12–16)* eine ständige Ausstellung zur Geschichte und Kultur des fränkischen Landjudentums, dazu gibt es interessante Sonderausstellungen. 1999 soll in Fürth im Verbund mit dem Schnaittacher Museum das Jüdische Museum Franken in der Königstraße eröffnet werden.

Schwabach **(114/A 3)**
Weiträumig öffnet sich der Markt, einer der schönsten ganz Frankens, vor dem Rathaus mit Arkaden und Fachwerkobergeschoß, prächtig steht der *Schöne Brunnen* mit Obelisk und barocken Bronzefiguren. Ihren kostbarsten Kunstbesitz bewahrt die einstige Markgrafenstadt (37 000 Ew.) in der gotischen Pfarrkirche St. Johannes und St. Martinus: einen der großartigsten spätgotischen Hochaltäre.

Römerkastelle und die Romantische Straße

Wanderungen zwischen Altmühl, Tauber und Pegnitz, durch Naturparks und das Neue Fränkische Seenland

Westlich von Nürnberg erstrecken sich die sanften Hügel des Rangaus, die Ausläufer des Steigerwalds und der Naturpark Frankenhöhe. Mittelpunkt des Rangaus ist die Residenzstadt Ansbach. Im Naturpark Frankenhöhe fließt die Tauber durch eines der idyllischsten Täler Frankens. Unverfälscht, wie von Dürer gemalt, duckt sich manches kleine Dorf in den Taubergrund. Auf einem Bergsporn darüber mit Stadtmauer, Türmen und Giebeln der Inbegriff altdeutscher Stadtbaukunst: Rothenburg, mit dem Zunamen »ob der Tauber«. Die Nachbarn brauchen sich keineswegs zu verstecken: Feuchtwangen und Dinkelsbühl, beliebte Stationen an der Romantischen Straße.

Die Altmühl, in ihrem Oberlauf ein freundlicher Wiesenbach, lädt ein zum Wandern, Radwandern und Bootfahren. Im heutigen Naturpark Altmühltal – einst das Hinterland des römischen Limes – ist in Weißenburg eines der interessantesten Beispiele römischer Alltagskultur auf deutschem Boden zu besichtigen: die Thermen und Tore des rekonstruierten Legionslagers Biriciana.

Nicht weit davon ist Frankens jüngste Urlaubsregion, das »Neue Fränkische Seenland«, entstanden. Viel Platz für Surfer, Segler und Schwimmer: Allein der Große Brombachsee, der derzeit geflutet wird, übertrifft mit seinen 1270 ha den Tegernsee um ein gutes Stück. Der schon von Urlaubern genutzte Altmühlsee ist größer als beispielsweise der Königssee. Damit der Urlaubsbetrieb nicht das Aus für die einheimische Vogelwelt bedeutet, ist für eine Schutzzone gesorgt, eine 120 ha große Vogelinsel mit Schilfgürtel, auf der viele selten gewordene Arten nisten. Von Beobachtungstürmen aus darf man ihnen zusehen.

Fein aus Lindenholz geschnitzt ist Riemenschneiders Heilig-Blut-Altar in der Rothenburger Jakobskirche

ANSBACH

(113/E3) Den Charme einer kleinen Rokokoresidenz hat sich die Stadt (40 000 Ew.) an der Fränkischen Rezat bis heute erhalten. Der Stadtpatron Gumbertus gründete 748 ein Benediktinerkloster, 1331 erwarben die Hohenzollern, Burggrafen von Nürnberg, die Rechte an Stadt und Stift. 1456 machten sie Ansbach zu ihrer Residenz. Noch immer läßt ein Glockenspiel in der Fußgängerzone zweimal täglich die Melodie des Hohenfriedberger Marschs erklingen. Seit 1806 Bayern zugehörig, nennen sich die Ansbacher manchmal noch die »besten Preußen Bayerns«. In den Straßen der sorgsam renovierten Altstadt läßt es sich gut promenieren.

BESICHTIGUNGEN

Anscavallo und Ansbacchantin

Witzig-surreale Metallskulpturen von Jürgen Goertz, 1993 auf dem Platz vor dem Schloß aufgestellt.

Gumbertuskirche

Die charakteristische Drei-Turm-Fassade ist ein Wahrzeichen Ansbachs. Seit dem Mittelalter immer wieder verändert, birgt die ehemalige Stiftskirche die »Schwanenritterkapelle«, mit reichen Erinnerungen an diesen Orden, den die brandenburgischen Kurfürsten gegründet hatten, um die adligen Herren enger an sich zu binden. Die romanische Krypta wurde erst 1934 wiederentdeckt, dort 1975 auch die Markgrafengruft mit den historisch aufschlußreichen Sarkophagen eingerichtet. *Fr, Sa, So 15 bis 17 Uhr, Nov.–Mai nur im Rahmen von Stadtführungen*

Markgräfliche Residenz

★ Aus einer Wasserburg des 14. Jhs. entstand das Vierflügelschloß mit den Prunkräumen im »Ansbacher Rokoko«. Höhepunkte der einstündigen Führung durch 27 Säle und Salons sind der Kachelsaal mit 2800 bemalten Fliesen und das Spiegel- und Porzellankabinett. Das Schloß ist auch Sitz der Regierung von Mittelfranken. Im Arkadenhof sommerliche Konzerte. *Di–So 9–12 und 14–17, im Winter 10–16 Uhr*

Orangerie und Hofgarten

Gartenschloß nach französischem Vorbild, 1730 erbaut und nach Zerstörung 1950 erneuert, mit Café-Restaurant sowie Tagungs- und Konzertsaal. Im Park Gedenkstein für Kaspar Hauser, der hier 1833 erstochen wurde: *Hic occultus occulto occisus est* (Hier wurde ein Unbekannter von einem Unbekannten getötet).

Synagoge

Eine der wenigen unzerstört erhaltenen Synagogen, mit schöner Ausstattung der Barockzeit, 1744–46 von Leopoldo Retti erbaut. *Rosenbadstr. 3, Besichtigung auf Anfrage und bei Stadtführungen*

MUSEUM

Markgrafenmuseum

An einem Rest der Stadtmauer in historischem Gebäude, mit interessanten Zeugnissen zur Geschichte der Hohenzollern und einer Kaspar-Hauser-Sammlung. *Di–So 10–12 und 14–17 Uhr, Kaspar-Hauser-Platz 1*

Staatsgemäldesammlung in der Markgräflichen Residenz von Ansbach

RESTAURANTS

Kaeßer
Der Landgasthof vor der Stadt (auch Zimmer) hat Hausschlachtung. *So–Fr 11.30–14 und 16.30 bis 21 Uhr, Brodswinden 23, Tel. 0981/97 01 80, Kategorie 3*

Museumsstube
Klein und familiär, fränkische Spezialitäten. *Mo–Sa 17.30 bis 23 Uhr, Schaithergerstr. 16, Tel. 0981/988 98, Kategorie 2*

Schwarzer Bock
Gepflegte Küche in rustikalem Ambiente. *11.30–14.30 und 18 bis 22 Uhr, So nachm. geschl., Pfarrstr. 31, Tel. 0981/42 12 40, Kategorie 1*

Zum Lamm
Internationale Küche. *11–14 und 17.30–21 Uhr, So abends geschl., Endresstr. 23, Tel. 0981/96 99 90, Kategorie 1*

EINKAUFEN

Am Rand der Altstadt liegt das *Brücken-Center (Residenzstr. 2–6)*. *Max Eichinger (Neustadt 4)* verkauft Kunst und Antiquitäten, Zinn-Göschel *(Neustadt 11)* verfügt über eine eigene Gießerei.

HOTELS

Augustiner
In Bahnhofsnähe, ordentlich geführt. *12 Zi., Karolinenstr. 30, Tel. 0981/24 32, Fax 24 13, Kategorie 3*

Bürger-Palais
100 m vom Schloß, mit Café. *12 Zi., Neustadt 48, Tel. 0981/951 31, Fax 956 00, Kategorie 1*

Am Drechselsgarten
Schöne Lage über der Stadt, Panoramarestaurant. *85 Zi., Am Drechselsgarten 1, Tel. 0981/890 20, Fax 890 26 05, Kategorie 1*

Der Platengarten
Gegenüber dem Schloß, Biergarten, Zimmer mit Antiquitäten. *20 Zi., Promenade 30, Tel. 0981/97 14 20, Fax 971 42 42, Kategorie 2*

SPIEL UND SPORT

Im *Freizeitbad Aquella* wird nicht nur gebadet, sondern vom Body-

MARCO POLO TIPS FÜR MITTELFRANKEN

1 Naturpark Altmühltal
Liebliche Talauen, Wander- und Radwege, weißgelb leuchtende Steinbrüche, Kletterberge und Schafherden (Seite 48)

2 Markgräfliche Residenz Ansbach
Die »Wiege Preußens«. Die Residenz zeigt schönstes Rokoko (Seite 38)

3 Rothenburg ob der Tauber
Noch immer eine Stadt zum Verlieben (Seite 43)

4 Museum 3. Dimension
Was sieht man, wenn man sieht? Frankens originellstes Museum macht den Besucher schlauer (Seite 42)

5 Neues Fränkisches Seenland
Für Surfer, Segler und Badelustige ein neues Ziel (Seite 48)

6 Römermuseum Weißenburg
Römisches Tempelsilber, erst 1979 ans Licht gebracht (Seite 47)

building bis zur Sauna und zum Römischen Dampfbad viel geboten, *Am Stadion 2, Tel. 0981/5757.* Außerdem: *Tennis-Center, Am Onolzbach 69, Tel. 0981/64435.* Im Umkreis zwei Golfplätze sowie das *Landesleistungszentrum für Reiterei, Am Reiterzentrum 3, Tel. 46500.*

AM ABEND

Alle zwei Jahre musizieren international renommierte Künstler bei der »Ansbacher Bachwoche«; jeden Sommer die Rokoko-Festspiele; regelmäßig Theater und Musik im *Haus der Volksbildung (Promenade 29, Tel. 0981/970 40-0)* sowie Filmkunst im *Studiokino (gleiche Adresse).*

Gemütlich sitzt man in *Eugens Weinstube (Pfarrstr. 35, Tel. 0981/947479),* schick im *Tanz-Club Atlantis* des Hotels Am Drechselsgarten.

Treffs für Jüngere sind das *Café Klatsch (Kronenstr. 1, Tel. 0981/2625),* die *Kulturkneipe* in den Kammerspielen *(Maximilianstraße, Tel. 0981/96608)* und der alternative *Prinzregent (Würzburger Landstraße 5, Tel. 0981/82776).* Beste Diskos: *Caroll's (Industriestraße 20, Fr und Sa ab 21 Uhr)* und *Clubdiskothek Friday,* wo auch die Hits der 60er wiederkehren *(Waldstr. 2, Tel. 0981/9774070).*

AUSKUNFT

Amt für Kultur und Touristik
Stadthaus, Nov.–April Mo–Fr 9 bis 12.30 und 14–17, Mai–Okt. Mo bis Fr 9–17 Uhr, Sa 10–13 Uhr, Johann-Sebastian-Bach-Platz 1, 91522 Ansbach, Tel. 0981/51243 und 51324, Fax 51365, e-Mail: akut@ansbach.de

Bachwoche Ansbach
Geschäftsstelle Karlsplatz 7, Tel. 0981/3567, Fax 15501

ZIELE IN DER UMGEBUNG

Bad Windsheim (113/D 2)
Zu den beiden Naturparks Steigerwald und Frankenhöhe hat man es nicht weit, die ehemalige Freie Reichsstadt (13 000 Ew.) liegt gerade zwischen ihnen. Schöne Altstadt, Heilquellen, 18-Loch-Golfplatz – und das interessante *Fränkische Freilandmuseum* mit authentischen Bauernhäusern, Dorfschmieden, Tagelöhneranwesen aus ganz Franken. *Di–So 9–18, Mitte Okt. bis Mitte März 10–16 Uhr, im Juli und Aug. auch Mo*

Heilsbronn (113/E–F 3)
In der romanischen Kirche des Zisterzienserklosters ist Hohenzollerngeschichte gegenwärtig: mit den Sarkophagen und Grabdenkmälern von Nürnberger Burggrafen, Markgrafen und auch der ersten drei Brandenburger Kurfürsten. Das 1132 gegründete Hauskloster der Hohenzollern wurde nach der Reformation aufgelöst. Man kann heute auch Konzerte an diesem Ort hören. *Auskunft: Verkehrsamt, Tel. 09872/ 80 60, Fax 806 66*

Leutershausen (113/D 3)
Für Technikfans lohnt der Besuch in dem fast tausendjährigen Städtchen (5300 Ew.) im Oberen Altmühltal doppelt. Hier wurde 1874 Gustav Albin Weißkopf geboren, dem 1901 in Connecticut der erste Motorflug gelang, zwei Jahre vor den Brüdern Wright. »Gustave Whitehead« starb arm in den USA, aber Leutershausen richtete im Getreidekasten ein *Gustav-Weißkopf-Museum* ein. *Ostern–Okt. Mo–Fr 10–12, Mi 14 bis 16, So 10–12 und 14–16 Uhr*

Sonntags *(10–12, 13–17 Uhr)* öffnet ein Privatsammler im Nachbarort Hetzweiler sein *Motorradmuseum. Eintritt frei, Weiherstr. 16, Tel. 09868/17 48*

Naturpark Frankenhöhe (113–114/C–E 2–3)
Mit über 1100 qkm Fläche, rund ein Drittel davon Wald, erstreckt sich der Naturpark zwischen dem dichtbesiedelten Raum Nürnberg-Fürth-Erlangen im Osten und der bayerischen Landesgrenze zu Baden-Württemberg im Westen. Eine große Vielfalt von Baumarten, eine reiche Vogelwelt, Schmetterlinge, Unken und Feuersalamander haben hier ihre Lebensräume. Mit nur 60 Einwohnern je Quadratkilometer Bayerns dünnstbesiedelte Region. *Auskunft: Verein Naturpark Frankenhöhe e. V., Landratsamt Ansbach, Crailsheimstr. 1, 91522 Ansbach, Tel. 0981/46 83 55*

Rangau (112/113)
Nicht nur wegen des Naturparks Frankenhöhe ist die Rangau-Landschaft ideal für Naturfreunde. Wegen der vielen Fischweiher gilt der nördliche Rangau als Deutschlands Karpfenregion Nr. 1. Wanderer, Reiter und Angler, auch Drachenflieger und Golfer praktizieren hier einen »sanften Tourismus«. Kulturhistorisch interessant ist die »Fränkische Wehrkirchenstraße«.

Romantisches Franken (112/113)
Vom Rangau bis zur Romantischen Straße reicht dieses abwechslungsreiche Urlaubsgebiet. Mit dem Naturpark Frankenhöhe, der Markgräflichen Residenz Ansbach und den alten Reichsstädten vereint es großen

historischen Reichtum mit unverfälschter Natur und abwechslungsreichen Sportangeboten.

Wolframs-Eschenbach (113/E 4)
Nach dem Minnesänger und Parzival-Dichter, der, um 1170 hier geboren, in der gotischen Liebfrauenkirche begraben liegt, heißt der Ort erst seit 1917. Über ein halbes Jahrtausend gehörte die kleine Stadt (2400 Ew.) dem Deutschen Orden, der 1623 ein Spätrenaissanceschloß errichtete (heute Rathaus). Der Fachwerkbau daneben ist die ehemalige Ordensvogtei. Im Alten Rathaus ist das *Wolfram-von-Eschenbach-Museum (April–Okt. Di–So 10 bis 17 Uhr)* untergebracht. Der Altmühlsee (Neues Fränkisches Seenland) ist nur 9 km entfernt.

DINKELSBÜHL

(113/D 5) Die schöne alte Reichsstadt an der Wörnitz (11 500 Ew.) ist im Ring ihrer türmereichen Ummauerung ansehnlich erhalten. Tuchweberei und Schmiedekunst brachten im Mittelalter Reichtum, Zerstörung durch den Bombenkrieg blieb Dinkelsbühl erspart. Das Volksfest »Kinderzeche« erinnert an die Rettung vor der Plünderung durch schwedische Truppen im Dreißigjährigen Krieg.

BESICHTIGUNG

Der Rundgang führt zuerst zu einer der schönsten süddeutschen Hallenkirchen: Zum *Münster St. Georg* mit seinen himmelwärts strebenden Pfeilern und den zierlichen Sakramentshäuschen, zum Hotel *Deutsches Haus* mit der prächtigen Renaissancefassade gegenüber am Weinmarkt, weiter in das ehemalige *Heilig-Geist-Spital* und zum *Malerwinkel* am Rothenburger Weiher, schließlich durch den Stadtpark an der mittelalterlichen Stadtbefestigung entlang.

MUSEUM

Museum 3. Dimension
★ ☨ Eine witzige, zugleich spielerische und modern-informative Präsentation von optischen Täuschungen, Holographien, 3-D-Projektionen und Stereo-Computerspielen. So etwas sucht man selbst im Deutschen Museum in München vergeblich.

Ein Freak der visuellen Künste hat diese verblüffende Schau privat mit einem Team engagierter Helfer aufgebaut. Besucher, Erwachsene wie Kinder, können die Ausstellung nicht nur sehen, sie können selbst die Optik steuern und verändern. *April–Okt. tgl. 10–18, 26. Dez.–6. Jan. tgl. 11–16, sonst nur Sa und So 11–16 Uhr, Stadtmühle am Nördlinger Tor, Tel. 09851/63 36*

RESTAURANT

Zum kleinen Obristen
Gourmetrestaurant im behäbigen Hotel Eisenkrug (22 Zi.). *Mo, Di geschl.* Das *Fränkische Restaurant* im Weinkeller ist ganzjährig geöffnet *(außer Mo von Nov. bis März). Dr.-Martin-Luther-Str. 1, Tel. 09851/ 577 00, Fax 57 70 70, Kategorie 1–2*

AUSKUNFT

Touristik Service Dinkelsbühl
Marktplatz, 91550 Dinkelsbühl, Tel. 09851/902 70, Fax 902 79, www. btl.de./dinkelsbuehl

ROTHENBURG OB DER TAUBER

☛ Stadtplan Rothenburg o. d. T. siehe S. 116

(112/C3) ★ Ludwig Richter und Carl Spitzweg entdeckten im 19. Jh. die Türme und Mauern Rothenburgs über dem Taubertal in ihrer malerischen Altertümlichkeit. Im Zweiten Weltkrieg verhinderte der US-Staatssekretär John McCloy in letzter Stunde die Totalzerstörung der bereits schwer angeschlagenen Stadt. Die Rothenburger bauten das Zerstörte wieder auf. Draußen vor den Mauern sind moderne Produktionsbetriebe gewachsen, innerhalb des Mauerrings mit seinen begehbaren Wehrgängen zeigt die Stadt (12 000 Ew.) aber ihr historisches Gesicht. Baugestaltungsordnungen sorgen für die Erhaltung der traditionellen Fassaden, verbannen Plastik und Neonreklamen. In Rothenburg hat selbst McDonald's ein schmiedeeisernes Auslegerschild!

Den besten Überblick gewinnen Sie vom 60 m hohen Rathausturm (Achtung, enger Treppenaufstieg!). Am romantischsten erleben Sie Rothenburg, wenn Sie abends um halb zehn den Nachtwächter auf seiner Runde begleiten oder zeitig am Vormittag durch die Gassen schlendern, bevor die Busse der Japan- und US-Touristen anrollen.

Am Anfang der Stadtgeschichte stand eine – später durch Erdbeben zerstörte – staufische Kaiserburg. Von 1274 bis 1802 war Rothenburg Freie Reichsstadt. 1631 wurde sie von den kaiserlichen Truppen Tillys erobert und (nach der Legende vom »Meistertrunk« aus dem 3-Liter-Humpen) vor Plünderung bewahrt. Nach dem Dreißigjährigen Krieg sank die verarmte und durch Seuchen dezimierte Bürgerschaft in einen Dornröschenschlummer. Heute zählt man jährlich rund 500 000 Touristenübernachtungen.

BESICHTIGUNGEN

Burggarten

Schöner Aussichtsplatz über dem Taubertal, an der Stelle der 1356 durch Erdbeben zerstörten Stauferburg. Nur die Blasiuskapelle blieb erhalten.

Franziskanerkirche

Die älteste Kirche der Stadt (um 1285) steht in der Reihe der prächtigen Patrizierhäuser der Herrngasse. Unter den Grabplatten in der Kirche befinden sich die des Ritters Hans von Pufendorf und seiner Frau, der Großeltern Götz von Berlichingens.

Plönlein

Plönlein heißt etwa »kleiner Platz« (von lat. *planum,* Ebene) – dieser hier ist mit dem Siebersturm und dem Turm des Kobolzeller Tors, den Fachwerkfassaden und dem Brunnen davor einer der reizvollsten und meistfotografierten Frankens.

Rathaus

Das wieder aufgebaute Rathaus mit der prächtigen Fassade enthält den großartigen gotischen Kaisersaal. Die Bekrönung des noch aus dem 13. Jh. stammenden Turms wurde Mitte des 16. Jhs. angebracht, wenig später der Renaissanceflügel mit dem schlanken Erker ergänzt. Turm. *April–Okt. tgl. 9.30–12.30 und 13–16 Uhr, sonst an Wochenenden, Feiertagen und während des »Wintermärchens« 13–16 Uhr*

Spital zum Heiligen Geist
Der große Komplex im Süden der Stadt (ursprünglich außerhalb der Stadtmauern) liegt abseits der größten Touristenströme und ist mit der Roßmühle (1516) – heute eine besonders schöne Jugendherberge –, der Spitalbastei, der Zehntscheune, dem Hegereiterhaus und der Spitalkirche unbedingt besuchenswert.

St.-Jakobs-Kirche
Das architektonisch wertvollste Bauwerk der Stadt, eine hohe dreischiffige Pfeilerbasilika, enthält auch den größten Kunstschatz: den Heilig-Blut-Altar von Tilman Riemenschneider auf der Westempore. Hauptaltar ist der gleichfalls kostbare spätgotische Zwölfbotenaltar. Die Jakobskirche wurde seit 1311 erbaut, der Westchor mit dem Riemenschneider-Altar und der darin gefaßten Reliquie des Abendmahlweins zwischen 1450 und 1471. *April–Ende Okt. tgl. 9–17, Nov. bis März 10–12 und 14–16 Uhr, im Sommer Orgelkonzerte*

MUSEEN

Historiengewölbe
In den Rathausgewölben Darstellungen der Stadtgeschichte. Im Kaisersaal wird alljährlich das Festspiel »Der Meistertrunk« des Rothenburger Glasermeisters Adam Hörber aufgeführt. Unterhalb der Gewölbe das Verlies, in dem 1408 Bürgermeister Heinrich Toppler starb, den seine Gegner des Landesverrats beschuldigt hatten. *Mitte März bis Okt. tgl. 9–18 Uhr, Nov.–Dez. nur Fr–So 10–17 Uhr, Eingang im Rathaus-Innenhof*

Mittelalterliches Kriminalmuseum
Zeugnisse der Rechtsgeschichte von 1200 bis 1800, einschließlich der Folter- und Hinrichtungsinstrumente. *April–Okt. tgl. 9.30 bis 18, Nov., Jan., Feb. 14–16, Dez., März 10–16 Uhr, Burggasse 3*

Puppen- und Spielzeugmuseum
Bunte Schau, vor allem mit Beispielen aus dem 19. und frühen 20. Jh. Auch Verkauf von kunsthandwerklichem Spielzeug. *März bis Dez. tgl. 9.30–18, Jan., Feb. 11 bis 17 Uhr, Hofbronnengasse 13*

Reichsstadt-Museum
Fränkische Wohnkultur in den Räumen des ehemaligen Dominikanerinnenklosters. Älteste Klosterküche Frankens (13. Jh.). *April–Okt. tgl. 10–17, Nov.–März 13–16 Uhr, Klosterhof 5*

RESTAURANTS

Glocke
Regionale Küche, eigener Weinbau und Weinproben auch für Einzelgäste. Im Ringhotel Glocke. *Mo–Sa 11–22.30 Uhr, So ab 14 Uhr, Am Plönlein 1, Tel. 09861/ 95 89 90, Kategorie 2*

Klosterstüble
Gutbürgerliche Gerichte. *Heringsbronnengasse 5, Tel. 09861/67 74, Kategorie 2–3*

Mittermeier
Hotelrestaurant, junge, frische Küche, persönliche Atmosphäre. *Mo–Sa 12–14 und 18–21.30 Uhr, Vorm Würzburger Tor 9, Tel. 09861/ 945 40, Kategorie 2*

EINKAUFEN

Gute Keramik finden Sie beim *Töpfer Willi Ströbel (Herrngasse 15)* und der *Töpferei Ehler (Wenggasse 47)*, Zinnfiguren bei *Tradition Zorn (Untere Schmiedgasse 26)*, Frankenweine gibt es bei *Bocksbeutel (Am Plönlein, zugehörig zum Restaurant Glocke)*. Ständiger Weihnachtsmarkt bei *Käthe Wohlfahrt (Herrngasse 1)*.

HOTELS/PENSIONEN

Burghotel
Der richtige Platz für Romantiker. *20 Zi., Klostergasse 1–3, Tel. 09861/50 37, Fax 14 87, Kategorie 1*

Eberlein
Die bahnhofsnahe Pension bietet als besonderen Service Leihfahrräder. *18 Zi., Winterbachstr. 4, Tel. 09861/46 72, Fax 34 99, Kategorie 3*

Eisenhut
Traditionsreiches Spitzenhotel. *75 Zi., Herrngasse 3–5, Tel. 09861/70 50, Fax 705 45, Kategorie 1*

Raidel
Einfache Pension im Zentrum, preiswert. *13 Zi., Wenggasse 3, Tel. 09861/31 35, Kategorie 3*

Reichs-Küchenmeister
Altfränkisches Haus gleich bei der Jakobskirche, angenehmes Restaurant. *45 Zi., Kirchplatz 8, Tel. 09861/970-0, Fax 869 65, Kategorie 1–2*

SPIEL UND SPORT

Im *Zentrum Franken-Freizeit* gibt es Frei- und Hallenbad, Sauna und Kegelbahnen *(Nördlinger Straße, Tel. 09861/45 65)*, außerdem die *Tennisanlage* am Philosophenweg *(Tel. 09861/78 93)*, die *Reitanlage* am Schwanensee *(Tel. 09861/32 62)* und für Sportflieger den *Flugplatz Rothenburg (Tel. 09861/74 74)*.

AM ABEND

Für den gemütlichen Abend sind die Weinstube *Löchle* im Hotel Reichs-Küchenmeister *(Kirchplatz 8)* und die *Altfränkische Weinstube (Klosterhof 7, Di geschl.)* zu empfehlen, auch die *Rappenschmiede (im Hotel Zum Rappen)* mit Bierbar und am Freitag- und Samstagabend mit Live-Musik *(Vorm Würzburger Tor 6)*.

Die Jugend trifft sich mit Vorliebe in Scharen in der Diskothek *TGI Friday (Ansbacher Str. 15)*. Für Leute mit »Sinn für Unsinn«: *Figurentheater am Burgtor (Mo–Sa 20.30 Uhr, Tel. 09861/73 54 und 33 33)*. Kino: *Kapellenplatz-Lichtspiele (Kapellenplatz 14, Tel. 09861/46 58)*.

AUSKUNFT

Rothenburg Tourismus Service
Marktplatz, 91541 Rothenburg o. d. Tauber, Tel. 09861/404 92, Fax 868 07. e-mail: info Rothenburg.de. http://www.rothenburg.de

Sommers und in der Vorweihnachtszeit ist der Stadtkern von 11 bis 16 und 19 bis 6 Uhr für Autoverkehr geschlossen. Sonntags Zufahrt nur für Hotelgäste. Von Ende April bis Dez. sind Souvenirgeschäfte auch sonntags geöffnet.

ZIELE IN DER UMGEBUNG

Feuchtwangen **(113/D 4)**
»Festsaal Frankens« hat man den schmucken Marktplatz Feuchtwangens (11 000 Ew.) genannt.

Der stimmungsvolle spätromanische Kreuzgang in Feuchtwangen

Von anrührender Kraft ist der Altar des Nürnbergers Michael Wolgemut (1483) in der Stiftskirche des ehemaligen Benediktinerstiftes, heute evangelische Pfarrkirche. Vor dem romanischen Kreuzgang werden von Juni bis August »Kreuzgangspiele« als Freilichttheater inszeniert.

Vielen alten Handwerken begegnet man im *Fränkischen Museum,* das auch eine hervorragende Fayencesammlung zeigt. *März, Nov., Dez. Di–So 10–12 und 14–17, April–Okt. Di–So 10–12 und 14–18 Uhr, Museumsstr. 19.*

Stilvoll wohnt man im Romantik-Hotel *Greifen Post,* mit Mittelaltertradition (seit 1369) und modernem Hallenbad. *40 Zi., Marktplatz 8, Tel. 09852/680-0, Fax 48 41, Kategorie 1*

Romantische Straße

Zwischen Main und Alpen, Würzburg und Füssen im Allgäu fährt man etliche der schönsten Kilometer der Romantischen Straße durchs Frankenland. Die älteste deutsche Ferienstraße wird auch von zwei Europabus-Linien befahren: EB 190 Frankfurt–München und EB 190 A Dinkelsbühl–Füssen, von April bis Oktober täglich. *Auskunft: Arbeitsgemeinschaft Romantische Straße, Marktplatz, 91550 Dinkelsbühl, Tel. 09851/902 71, Fax 902 79*

Schillingsfürst (112/C 3)

Über einem Seitental der Tauber steht *Schloß Schillingsfürst,* das nach der mehrmaligen Zerstörung der alten Burg 1723–50 in prächtigem Barockstil erbaut wurde. Zu einem Teil noch von der Familie Hohenlohe-Schillingsfürst bewohnt, kann das Schloß im Oberstock besichtigt werden *(tgl. 9–17 Uhr).* Erhalten blieb das Wohngemach des Kurienkardinals Gustav Adolf zu Hohenlohe-Schillingsfürst, der Mäzen von Franz Liszt war und ihm im Hofgarten ein Denkmal errichten ließ. Schillingsfürst ist auch Sitz des Bayerischen *Jagdfalkenhofs. Flugvorführungen tgl. 10 und 15 Uhr*

WEISSENBURG

(113/F 5) Als »Römerstadt« bekannt, seit 1979 der »Weißenburger Römerschatz« gefunden wurde. Weißenburg (18 000 Ew.) mit seinem Mauerring (noch 38 Türme!) lädt ein zum Rundgang durch eine wohlerhaltene historische Stadtlandschaft. Es liegt an der neuen Touristikstraße »Deutsche Limesstraße«. Die Kirche St. Andreas ist ein Hauptwerk der Gotik. Das Karmeliterkloster wurde zu einem Kulturzentrum umgebaut. Sehr schön: das Ellinger Tor!

BESICHTIGUNGEN

Kastell Biriciana
Verteidigungsanlage des »Rätischen Limes« aus dem 1. Jh. n. Chr., mit 1989/90 rekonstruiertem Nordtor. Im Umkreis die »Regio Biriciana« mit Limes-Spuren, römischen Gutshöfen und Resten anderer Kastelle.

Wülzburg
Festung der Markgrafen von Brandenburg-Ansbach (16. Jh.), später auch Gefangenen- und Flüchtlingslager – eine Tafel erinnert an Charles de Gaulles Inhaftierung 1918. *Führungen Ostern bis Ende Okt. Sa 13–17, So und Feiertage 11–17 Uhr, östlich der Stadt*

MUSEEN

Reichsstadtmuseum Weißenburg
1988 eröffnet, stellt das thematische Museum die Geschichte der ehemals Freien Reichsstadt vom Mittelalter bis 1802 dar. *März bis Dez. Di–So 10–12.30 und 14 bis 17 Uhr, Martin-Luther-Platz*

Römermuseum
★ Funde von der Steinzeit bis zu Karl dem Großen – und der kostbare römische Schatz, der hier 1979 entdeckt wurde. *März bis Dez. Di–So 10–12.30 und 14 bis 17 Uhr, Martin-Luther-Platz 3–5*

Römische Thermen
Eine der größten römischen Bäderanlagen Süddeutschlands. *April–Okt. Di–So 10–12.30 und 14–17 Uhr*

RESTAURANTS/HOTELS

Goldener Adler
Neben dem Gotischen Rathaus, seit Generationen im Familienbesitz. Mit Gartenlokal. *11 Zi., Marktplatz 5, Tel. 09141/24 00, Fax 739 96, Kategorie 2*

Goldene Rose
Gegenüber vom Gotischen Rathaus, komfortabel, Sauna. *29 Zi., Rosenstr. 6, Tel. 09141/20 96, Fax 707 52, Kategorie 2*

AUSKUNFT

Amt für Kultur und Touristik
Im Römermuseum, Martin-Luther-Platz 3–5, 91780 Weißenburg, Tel. 09141/90 71 24, Fax 90 71 21, www.stadt-weissenburg.de

ZIELE IN DER UMGEBUNG

Ellingen **(113/F 5)**
Deutschordensritter der »Fränkischen Ballei« (so nannte man diese Ordensprovinz) bauten nicht nur das prächtige Renaissanceschloß (später barock umgestaltet), sondern prägten auch

mit Rathaus, Pfarrkirche und Spital das bis heute barock-idyllische Stadtbild (3500 Ew.). *Schloß mit Deutschordensmuseum und Ausstellung Kulturzentrum Ostpreußen: April–Sept. Di–So 9–11 und 13 bis 16 Uhr, stündlich Führungen, Okt. bis März Di–So 10, 11, 14 und 15 Uhr.*

Gunzenhausen **(113/E 5)**
Mit 1600 Gästebetten in Hotels, Gasthöfen, Ferienhäusern und -wohnungen bietet Gunzenhausen (17 000 Ew.) Quartier für Wassersportler und Radfahrer, die von hier aus rasch am Altmühlsee und am Kleinen Brombachsee sind. Die evangelische Kirche wurde 1448 auf Resten eines Römerkastells erbaut: An der Altmühlfurt verlief der Limes.

Unmittelbar beim Ort großes Badefreizeitzentrum *Juramare.* Ein fränkisches Nobelquartier ist die ehemalige Reichsposthalterei (seit 1656): *Hotel zur Post. 25 Zi. und 1 Suite, Bahnhofstr. 7, Tel. 09831/70 61, Fax 92 85, Kategorie 1, Restaurant Di–Sa 16–23 Uhr*

Naturpark Altmühltal **(114/A–C 5–6)**
★ Größter Naturpark der Bundesrepublik: 2908 qkm, nördlich und südlich des Altmühltals zwischen Gunzenhausen und dem niederbayerischen Kelheim. Charakteristisch sind die hell leuchtenden Steinbrüche des Juramarmors. Zu den Naturschutzgebieten gehören im fränkischen Gebiet die Felsgruppe »Zwölf Apostel« bei Solnhofen und der Eichen-Hainbuchen-Wald »Laubenbuch« bei Rothenstein. Es gibt viele Freibäder, markierte Wanderwege und gut ausgebaute Radwege für den Aktivurlauber. Zugängliche Steinbrüche und Höhlen lassen die Herzen von Hobby-Vorzeitforschern höher schlagen. *Auskunft: Verein Altmühltal e. V., Landratsamt Weißenburg in Bayern, Friedrich-Ebert-Str. 18, 91780 Weißenburg, Tel. 09141/90 22 38*

Neues Fränkisches Seenland **(113/E–F 4–5)**
★ Die Überleitung von Altmühl- und Donauwasser in das Regnitz-Main-Gebiet ermöglichte fünf neue Seen für Badelustige, Segler, Surfer und Angler: Altmühlsee, Rothsee, Igelsbachsee, Kleiner und – in Flutung – Großer Brombachsee. Wald und erholsame Landschaft ist im Umkreis reichlich vorhanden. Sogar eine Schifffahrtslinie gibt es auf dem Altmühlsee. Zur Vogelschutzinsel auf dem Altmühlsee werden Führungen veranstaltet, auch für Kinder.

Pappenheim **(113/F 6)**
Auf einem Bergsporn über der Altmühl ist die Burg der Reichsgrafen von Pappenheim (11./12. Jh.) zu besichtigen *(Ende März bis Mitte Mai und Anfang Okt.–Anfang Nov. Di–So 10–17 Uhr, dazwischen tgl. 9–18 Uhr, mit Falknerei und Vorführungen).* Ihr zu Füßen zeigt das Residenzstädtchen (4300 Ew.) der Pappenheimer (Luftkurort) sehenswerte Kirchen, darunter die romanische St.-Gallus-Kirche (begründet im 9. Jh.) sowie das Alte Schloß und das von Leo von Klenze erbaute Neue Schloß.

Solnhofen **(113/F 6)**
Von Toulouse-Lautrec bis zu Chagall nutzten Künstler die Erfindung Aloys Senefelders, mit Solnhofener Kalkschieferplatten zu drucken. Wegen ihrer Härte und Feinkörnigkeit sind sie be-

stens für die Lithographie, den Steindruck, geeignet, aus dem sich dann der moderne Offsetdruck entwickelte. Versteinerungen von Ammoniten, Kugelzahnfischen und Urvögeln im Solnhofener Kalk zeigt das *Bürgermeister-Müller-Museum* im Solnhofener Rathaus *(April–Okt. tgl. 10–17, Nov.–März So 13–16 Uhr und nach Vereinbarung, Bahnhofstr. 8, 91807 Solnhofen, Tel. 09145/ 83 20 20).*

In Solnhofen (1850 Ew.) steht als frühes christliches Zeugnis neben der evangelischen Pfarrkirche die kürzlich renovierten Reste der Sola-Basilika, im frühen 9. Jh. erbaut und nach einem vielleicht angelsächsischen Mönch benannt, der hier als Schüler des Bonifatius missionierte.

Wasserlilien blühen vor St. Bartholomä im Altmühltal

Vom Domberg zum Festspielhügel

Hohes Mittelalter, barocke Wallfahrten, höfisches Rokoko – und dazu fröhliche Bierfeste

Seit der Öffnung der innerdeutschen Grenze 1989 liegt Oberfranken nicht mehr im Abseits. Einige der schönsten deutschen Waldgebirge zwischen Thüringen und dem Nürnberger Raum erwarten ihre Gäste: der Frankenwald, das Fichtelgebirge und die Fränkische Schweiz. Als vierte touristische Region schließt sich das Obere Maintal mit dem Coburger Land an. Auch große Teile des Steigerwalds gehören zu Oberfranken. Der Urlauber hat die Wahl zwischen dörflicher Ruhe mit Waldspaziergängen und Bergwanderungen (Wirtshäuser immer am Wege) und etlichen der glänzendsten kulturellen Highlights des Frankenlandes. Dazu gehört die alte Kaiserstadt Bamberg ebenso wie Richard Wagners Bayreuth, das Rokoko der Markgräfin Wilhelmine, das viktorianische Ambiente von Coburg mit den Kunstschätzen der Veste, Kulmbachs Plassenburg und triumphierendes Barock in Banz, Pommersfelden und Vierzehnheiligen.

Auf einer Insel in der Regnitz thront Bambergs Altes Rathaus

BAMBERG

Stadtplan Bamberg siehe S. 116/117

(109/F5) Die Stadt (70 000 Ew.) auf den sieben Hügeln ist ein Glücksfall. Einmalig schön wächst das Stadtbild aus dem Tal der Regnitz. Wer den Turm des anmutigen Geyerswörth-Schlößchens hinaufsteigt, hat einen unvergeßlichen Rundblick auf die Türme von Kaiserdom und Kloster Michelsberg und auf das Gassen- und Giebelgewinkel dieser tausendjährigen Stadt. Anders als Nürnberg und Würzburg blieb Bamberg im Zweiten Weltkrieg fast unzerstört erhalten. 1994 wurde Bambergs Altstadt feierlich in die Unescoliste des »Weltkultur- und Naturerbes der Menschheit« aufgenommen.

Mit einer karolingischen Burg auf dem Domberg beginnt im 8. Jh. Bambergs fränkische Geschichte. 1007 gründet Kaiser Heinrich II. das Bistum Bamberg, im Mittelalter wichtiger Stützpunkt kaiserlicher Macht. Vergeblich empören sich die Bürger im 15. Jh. gegen den Bischof, auch in der Reformationszeit bleibt Bamberg schließlich katholisch und dem Bischof unter-

Über Bambergs Altstadtdächern ragt monumental der viertürmige Dom

tan. Um so prächtiger bauen die Fürstbischöfe des Hauses Schönborn ihre Bamberger Residenz und die Schlösser und Wallfahrtskirchen im Umkreis aus.

BESICHTIGUNGEN

Alte Hofhaltung
Ein schöner Innenhof, spätgotisches Fachwerk unter hohen Satteldächern, Reste vom Reichssaal Kaiser Heinrichs II. und der Palastkapelle. Jünger sind das Renaissanceportal mit den Allegorien der Flüsse Main und Regnitz und die benachbarte Ratsstube. *Hinter dem Domplatz*

Altenburg
Ringmauern und der Bergfried der alten Bischofsburg sind erhalten und bieten weite Ausblicke. *Etwas außerhalb, im Südwesten*

Altes Rathaus
Im 14. Jh. fanden die Bamberger einen ungewöhnlichen Platz für ihr Rathaus: eine künstliche Regnitzinsel. Im 18. Jh. wurde der gotische Bau barockisiert. Wie ein schmuckes Schiff, mit opulentem Balkon über der engen Straßendurchfahrt, steht er über Fluß und Brücken. In den Räumen sind heute Fayencen und Porzellan der Sammlung Ludwig ausgestellt: Glanz des Barock *(Di–So 9.30–16.30 Uhr).*

Böttingerhaus
Einer der schönsten bürgerlichen Barockpaläste, für den Hofbeamten Johann Ignaz Michael Böttinger 1713 erbaut, heute von einer Kunstgalerie genutzt. Die Gartenfront am Stephansberg wurde modern erneuert, mit umstrittenem Ergebnis. *Judenstraße*

Concordia
Gartenschloß an der Regnitz, 1717–22 von Johann Dientzenhofer für den Hofbeamten Böttinger erbaut. Wissenschaftliche Institute sind eingezogen, mit Glück kommt man trotzdem in den kleinen Park am Fluß, der mit bemoosten Gartengöttern italienisch heiter und festlich wirkt. Ab 2000: Internationales Künstlerhaus.

Dom
★Unter den charakteristischen vier schlanken Türmen und den Wölbungen der 1237 vollendeten dreischiffigen Basilika sind Meisterwerke abendländischer Bildhauerei zu bewundern. Am berühmtesten wurde der »Bamberger Reiter« am nordwestlichen Chorpfeiler mit seinem in die Ferne gerichteten Blick. Jüngste Forschungen erweisen, daß nicht das Idealbild mittelalterlichen König- und Rittertums dargestellt ist, sondern wohl König Stephan von Ungarn, der Schwager Kaiser Heinrichs II. Dieser ist mit seiner Gattin Kunigunde – beide wurden heiliggesprochen – im Dom begraben. Tilman Riemenschneider schuf den monumentalen Sarkophag mit den lebensgroßen Gestalten und den Darstellungen ihrer Wundertaten.

Wichtigste andere Werke: der Altar von Veit Stoß und die gotischen Skulpturen der »Synagoge« und »Ecclesia«, der Elisabeth und Maria, sowie die Portale, vor allem das Fürstenportal, die Gnadenpforte und die Adamspforte. Die Originale der Adam- und Eva-Figuren der Adamspforte, die ersten großen Aktfiguren Deutschlands, finden sich im Diözesanmuseum. Der Dom, die Renaissancefassaden der alten Hofhaltung und die barocken Flügel der neuen Hofhaltung umstellen den Domplatz mehr, als daß sie ihn umschließen, lassen den Ausblick von der geneigten Platzfläche weit über die Stadtlandschaft gehen: der stärkste Raumeindruck Bambergs.

Domgrund
Mitten in der Stadt eine grüne Oase für Spaziergänger, ein Baumtal mit kleinen alten Häusern und dem barocken Ebracher Hof.

Karmelitenkloster
Das ehemalige Zisterzienserinnenkloster wird heute von Karmelitermönchen bewohnt. Wunderschöner Kreuzgang (spätromanisch), auf dessen Kapitellen mittelalterliche Tierphantastik dargestellt ist. *Karmelitenplatz*

Katakomben
Bambergs sieben Hügel sind mit fast 10 km langen Stollen unterhöhlt. Seit dem 11. Jh. wurde der Keupersandstein unterirdisch abgebaut. In den entstandenen Kellern lagerten die Bamberger Wein, Bier und Malz, später suchten sie Zuflucht bei Bombenalarm, dann wurden Kriegsgüter produziert. *Gruppenführungen buchbar beim Tourismus Kongreß Service, Tel. 0951/87 11 61*

Klein-Venedig
Bester Blick auf das malerische Ensemble der Fischerhäuser an der Regnitz von der Kasernstraße aus. *Am Leinritt*

Rosengarten
Barocker Garten der Neuen Residenz mit reizvollen Rokoko-

figuren von Ferdinand Tietz, einem romantischen Gartenhaus und schönem Ausblick. *Domplatz/Residenzstraße*

St. Michael

Die mächtige Klosterburg auf dem Michelsberg wurde 1015 als Benediktinerabtei gegründet und ein Jahrhundert später nach einem Erdbeben unter Bischof Otto I. neu aufgebaut. Nach dem Großbrand von 1610 gaben Johann Leonhard und Johann Dientzenhofer der gesamten Klosteranlage um 1700 eine barocke Gestalt. In der Kirche ist eine der prächtigsten Kanzeln Frankens zu bewundern. Netzrippengewölbe ausgemalt mit einem »Herbarium« von 608 Pflanzenarten.

Die Klostergaststätte hat eine Aussichtsterrasse, vom Michelsberg zur Altenburg führt ein Spazierweg, der als »stadtökologischer Lehrpfad« angelegt ist.

MUSEEN

Diözesanmuseum

★ Statt im Schatzkammer-Ambiente wird in diesem erzbischöflichen Museum eher nüchtern ausgestellt. Doch welche Kostbarkeiten! Prächtigste, edelsteinfunkelnde Monstranzen, goldschimmerndes Sakralgerät und – noch kostbarer – die einzigartigen, brillant restaurierten Kaisergewänder des Mittelalters: Kunigundenmantel, Sternenmantel, Gunthertuch. Ein Museumsschatz von Weltrang! *Di–So 10 bis 17 Uhr, Domplatz 25*

E. T. A.-Hoffmann-Haus

Enge Kammern in einem der schmalsten Häuser, darin Erinnerungen an einen der phantasiemächtigsten Poeten der Romantik, der 1808 als Kapellmeister an das Bamberger Theater kam. *Mai bis Okt. Di–Fr 16–18, Sa, So, Feiertage 10–12 Uhr, Schillerplatz 26*

Historisches Museum

Stadtgeschichte, Kunsthandwerk, Gemälde. *Mai–Okt. Di–So 9–17, Nov.–April geöffnet bei Sonderausstellungen, Domplatz 7*

Naturkundemuseum

Fränkische Geologie und eine große Mineraliensammlung, vor allem aber das »Museum im Museum«, eine Sammlung von Vögeln in den originalen Vitrinen von 1794, zwei Jahre früher eingerichtet als das Musée d'histoire naturelle in Paris. *April–Sept. Di bis So 9–17, Okt.–März Di–So 10 bis 16 Uhr, Fleischstr. 2*

Neue Residenz

Einen fränkischen Hradschin plante Lothar Franz von Schönborn. Das barocke Residenzschloß konnte am Ende doch nicht den ganzen Domberg besetzen – wegen Geldmangel –, ist aber stattlich genug, mit dem Vierzehnheiligenpavillon als imponierendem Abschluß an der Talseite. Im Innern des von Johann Leonhard Dientzenhofer geschaffenen Baus sieht man spätbarocke Stuckdecken, Goldornamente und Tapisserien, den Kaisersaal, die Altdeutsche Galerie und die Barockgalerie. Erhalten sind auch die Wohnräume König Ottos I. von Griechenland, die der Wittelsbacher nach seiner erzwungenen Abdankung 1863 bezog. *April–Sept. tgl. 9–12 und 13.30–17 Uhr, Okt.–März bis 16 Uhr, Domplatz 8*

MARCO POLO TIPS FÜR OBERFRANKEN

1 **Domhügel in Bamberg**
Besuch beim Bamberger Reiter – und auf einem der geschichtsträchtigsten Plätze Deutschlands (Seite 53)

2 **Festspielhaus Bayreuth**
Auch ohne Wagner-Oper ist die Besichtigung ein Erlebnis (Seite 59)

3 **Glasmuseum Schloß Rosenau**
Moderne Glaskunst, in der Orangerie optimal ausgestellt (Seite 63)

4 **Zauberwelt der Stalaktiten**
Einige von mehreren hundert Höhlen in der Fränkischen Schweiz sind für Besucher zugänglich (Seite 57)

5 **Schloß Eremitage**
Der anmutige Lieblingsaufenthalt von Markgräfin Wilhelmine bei Bayreuth (Seite 59)

6 **Diözesanmuseum in Bamberg**
Ein Drei-Sterne-Domschatz (Seite 54)

RESTAURANTS/CAFÉS

Bergschlößchen
Das schönste Bamberger Aussichtscafé, nicht weit vom Michelsberg. *Am Bundleshof 2*

Café am Dom
Sehr feine Konditoreispezialitäten. *Fr–Mi 7.30–18, So 13–18 Uhr, Ringleinsgasse 2, Tel. 0951/568 52*

Calimeros
Mexican und American Food, vor allem am Wochenende sehr ausgelassene Stimmung. Auch Café und Bar. *So–Do 10–1, Fr 10–2, Sa 10–3 Uhr, Lange Straße 8, Tel. 0951/20 11 72, Kategorie 2*

Greifenklau
Großer Biergarten auf dem Kaulberg. *9–23 Uhr, So ab 14 Uhr, Laurenziplatz 20, Kategorie 2–3*

Keesmann
Brauereigaststätte mit vorzüglicher fränkischer Küche zu günstigen Preisen. *Mo–Fr 9.30–22.30, Sa 9–14 Uhr, Wunderburg 5, Tel. 0951/266 46, Kategorie 2*

Schlenkerla
Brauereigaststätte der gemütlichsten Art. Rauchbier. *Mi–Mo 9.30–24 Uhr, Dominikanerstr. 6, Tel. 0951/560 60, Kategorie 3*

EINKAUFEN

Bambergs Fußgängerzone ist erfreulicherweise nicht durch Kaufhausblocks verunstaltet. Hertie am Grünen Markt ist in ein bereits historisches Tietz-Gebäude eingezogen. Geschenke, Wachswaren, Krippenfiguren findet man bei *Geschwister Poppenberger (Hauptwachstr. 9),* im *Glashaus (Theatergasse 2)* und bei der *Töpferei Porzelius (Jakobsplatz 3);* Avantgardemode bei *Picobello (Fischstraße).* In der Hauptwachstraße und Langen Straße sowie am Obstmarkt hat man noch Auswahl unter anderen attraktiven Modeläden.

HOTELS

Barockhotel am Dom
Garni im Domgrund, ruhig. *19 Zi., Vorderer Bach 4, Tel. 0951/540 31, Fax 540 21, Kategorie 2*

Fässla
Nördlich des Main-Donau-Kanals, mit Parkplatz. *21 Zi., Obere Königsstr. 19–21, Tel. 0951/265 16, Fax 20 19 89, Kategorie 3*

Messerschmitt
Ein Stück Alt-Bamberg: Romantik-Hotel mit vorzüglichem Restaurant (Weinhaus-Tradition seit 1832). *14 Zi., Lange Str. 41, Tel. 0951/278 66-67, Fax 261 41, Kategorie 1*

SPIEL UND SPORT

In der Regnitz kann man sogar baden *(Hainbad)*, Vorsichtigere gehen lieber ins *Stadionbad (Pödeldorfer Str. 176)*. Auf dem Main-Donau-Kanal werden Ruderregatten ausgetragen. Bambergs Sportspezialitäten sind Basketball (Bundesliga!) und Tennis.

AM ABEND

E. T. A. Hoffmann-Theater
Schillerplatz 7, Tel. 0951/87 14 33

Jazzclub
Musikkneipe mit Live-Konzerten am Wochenende. *Obere Sandstr. 18, Tel. 0951/537 40*

Luitpold
Boulevardcafé und Bistro mit allem, was man sich wünscht: Frühstück, Teekarte, uriger Bartresen, Wintergarten mit Zeitungen. *So–Fr 9–1, Sa 9–2 Uhr, Schönleinsplatz 4, Tel. 0951/257 00*

Palazzo di Paladio
Bar, Nachtcafé, Tanzhalle. Abwechslungsreiches Programm mit mehreren DJs. *Di–Sa 22.30 bis 4 Uhr, Franz-Ludwig-Str. 5*

Sinfonie an der Regnitz
Konzert- und Kongreßhalle; hier sind auch die »Bamberger Symphoniker« zu hören. *Mußstr. 12, Tel. 0951/964 70*

AUSKUNFT

Bamberg Tourismus & Kongreß Service
Geyerswörthstr. 3, 96047 Bamberg, Tel. 0951/87 11 61, Fax 87 19 60, www.bamberg.de/tourismus

Bamberg card
Fahrschein, Gutschein und Eintrittskarte für Museen zugleich. 48 Std. gültig *(1 Pers. 13 Mark, 2 Pers. 21 Mark, 3 Pers. 35 Mark, 4 Pers. 46 Mark)*.

Personenschiffahrt Kropf
Hafenrundfahrt, Main-Tagesfahrten, Abendfahrten. *Kapuzinergasse 5, Tel. 0951/266 79*

ZIELE IN DER UMGEBUNG

Ebrach **(109/D 5)**
Alberich Degen, Abt des Zisterzienserklosters Ebrach, entdeckte 1665, wie gut sich die Silvanerrebe auf fränkischen Böden entwickelt. Der frühgotische Kirchenbau (1200–85) mit großer Fensterrose wurde im 18. Jh. umgestaltet *(15. April–31. Okt. tgl. 9.30–11.30 und 14–18 Uhr)*, das Kloster nach Zerstörung im Bauernkrieg prachtvoll erneuert. Kaisersaal und Treppenhaus: *Besichtigung: April–Okt. tgl. 10.30 bis 15.30 Uhr*

Forchheim **(110/A 6)**
Fachwerk dichtgedrängt um den Marktplatz und die Bischofsresidenz, Kaiserpfalz genannt, denn schon zu Merowinger- und Karolingerzeit war Forchheim ein Königshof. Heute befindet sich hier das *Pfalzmuseum,* mit den ältesten Wandmalereien Frankens. *Mai bis Okt. Di–So 10–12.30 und 13.30 bis 16 Uhr und nach Anmeldung, Tel. 09191/71 43 27 und 678 12 (während der Öffnungszeit)*

Fränkisches Wunderland **(114/C 1)**
Eine Achterbahn beim Veldensteiner Forst, dazu Westernshow, Waldspielplatz, Planwagen-Sprungkissen, Wasserspiele, eigenhändiges Goldschürfen und andere Attraktionen à la Disneyland bietet der Freizeit-Erlebnispark. *Ostern–Sept. tgl. 9–18, bis Mitte Okt. 9–17 Uhr, 91287 Plech, Tel. 09244/98 90, Fax 74 29 (Autobahn Nürnberg–Berlin)*

Gößweinstein-Behringersmühle **(110/B 6)**
Eine Bilderbuchburg mit Rundturm und Zinnen (11. Jh., im 19. Jh. umgebaut) thront über dem Wallfahrtsort Gößweinstein (4100 Ew.). Nach Plänen Balthasar Neumanns entstand die Wallfahrtsbasilika zur heiligsten Dreifaltigkeit, mit großartigem Innenraum in triumphierendem Barock. Schöne Wanderungen zum Bärenstein und zur Wagnershöhe mit Blick auf vier Täler. Paddelbootverleih, Tennis, Fliegenfischen.

Im *Scheffel-Gasthof (Balthasar-Neumann-Str. 6, Tel. 09242/201, Kategorie 3)* gibt es eine Scheffelstube, weil der Dichter und Frankenfan Viktor von Scheffel zu Gast war.

Naturpark Fränkische Schweiz – Veldensteiner Forst
Romantische Taleinschnitte und markante Dolomit-Felsformationen, Burgen und Mühlen, über tausend Höhlen und unterirdische Gänge, aber auch weite Hochflächen prägen das Bild des 2346 qkm großen Naturparks zwischen Bayreuth, Erlangen und Bamberg (**110/A–C 5–6**). Die Fränkische Alb, der dieses Gebiet zugehört, ist als Karstgebirge reich an Dolinen (Erdfällen über eingestürzten Höhlen) und Tummlern oder Hungerbrunnen (Karstquellen, die zeitweise versiegen). ★ Zu den eindrucksvollsten Tropfsteinhöhlen der Region gehören die Teufelshöhle (**110/B–C 6**), Streitberg (Binghöhle, **110/B 5**) und die Sophienhöhle bei Burg Rabenstein.

Naturpark Steigerwald **(109/D–E 5–6)**
An den sonnigen Westhängen des 1280 qkm großen Naturparks gedeihen auf den Keuperhängen einige der besten Frankenweine. Große Buchenwälder stehen in den Staatsforsten von Hundelshausen, Fabrikschleichach und Ebrach. Türkenbund, Aronstab und Salomonssiegel gedeihen an den Bächen; Spechte, den Pirol und den Roten Milan trifft man im südlichen Steigerwald an.

Pegnitz **(110/C 6)**
In Pegnitz (14 700 Ew.) wimmelt es im Sommer von Sängerprominenz. Bayreuth ist nicht weit, und hohe Gäste quartieren sich gerne in *Pflaums Posthotel* ein. *60 Zi., Gourmetrestaurant, Terrasse, Schwimmbad, Sauna, Nürnberger Str. 12–16, Tel. 09241/72 50, Fax 804 04, Kategorie 1*

Pommersfelden **(109/F 6)**
»Kolossale Repräsentationswut und Lust am Schönen« (Wolf von Niebelschütz) ließ Schloß Weißenstein bei Pommersfelden 1711–18 entstehen. Bauherr war Lothar Franz von Schönborn, in Ämterhäufung Bamberger Fürstbischof, Kurfürst-Erzbischof von Mainz und Erzkanzler des Kaisers, seine Architekten Johann Dientzenhofer und Lucas von Hildebrandt. Die mächtige Dreiflügelanlage mit der berühmten doppelläufigen Treppe, Spiegelkabinett, Marmorsaal und kostbarer Gemäldegalerie ist eines der schönsten Barockschlösser Europas. Es ist noch heute im Besitz der Schönborn-Familie. *April bis Okt. Di–So Führungen stdl. 9 bis 16, kleine Führungen 11.30 und 16.30 Uhr. Im Sommer Schloßkonzerte.* Schlafen kann man gleich nebenan im *Schloßhotel Schloß Weißenstein. 80 Zi., Tel. 09548/680, Fax 681 00, Kategorie 1 und 2*

Pottenstein **(110/C 6)**
Die größte Schauhöhle der Fränkischen Schweiz zeigt das Grottensystem der Teufelshöhle bei Pottenstein, mit faszinierenden Tropfsteinformen im Kerzensaal, Barbarossadom und der Kristallgrotte. *Karwoche–Ende Okt. tgl. 9 bis 17 Uhr, Nov.–26. Dez. und 7. Jan. bis Karwoche Di und Sa 10–12, 27. Dez.–7. Jan. tgl. 13.30–15.30 Uhr.* Auch oberirdisch gehört die Landschaft um den kleinen Ort Pottenstein und seine tausendjährige Burg zu den reizvollsten der Fränkischen Schweiz. Sommerrodelbahn. Mit Sonnenterrasse und Biergarten lockt der 300 Jahre alte *Landgasthof Luisen-Garten* zur Einkehr. *9 Zi., Fischergasse 17, Tel. 09243/251, Kategorie 3*

Schloß Seehof **(109/F 5)**
Eine der teuersten restauratorischen Leistungen der letzten Jahre war die Wiederherstellung des Sommerschlosses Seehof in seinem Park mit der großen Kaskade. Fürstbischof Marquard Sebastian Schenk von Stauffenberg ließ das Schloß 1684–95 bauen, auch Balthasar Neumann war beteiligt. *Führungen tgl. 14, 14.30, 15 und 15.30 Uhr*

Walberla **(110/B 6)**
Mit bescheidenen 523 m der bekannteste Berg der Fränkischen Schweiz und Wahrzeichen Frankens, einst ein vielbesuchter Wallfahrtsort (Walburgiskapelle an der Stelle eines germanischen Freya-Heiligtums). Die »Walberlaskärwe« am ersten Maiwochenende ist ein beliebtes Volksfest.

Wiesenttal **(110/A–B 5–6)**
Das felsumrahmte Muggendorf mit seinen vielen Höhlen und dem Aussichtsfelsen Adlerstein, die Ruine Streitburg und die 350 m lange Binghöhle bei Streitberg, Gößweinstein, die mächtige Einsturzhöhle »Riesenburg« zwischen Behringersmühle und Waischenfeld und die Burg Rabeneck kann man auf einer Fahrt durch das Wiesenttal zwischen Ebermannstadt und Plankenfels kennenlernen.

BAYREUTH

☛ **Stadtplan Bayreuth siehe S. 117**
(110/C 4–5) Die Markgräfin und der Maestro haben Bayreuth (73 000 Ew.) weltberühmt gemacht: Markgräfin Wilhelmine, die Lieblingsschwester Friedrichs des Großen, schuf das »Bayreuther Rokoko«, Richard Wagner

die Bayreuther Festspiele. Die Stadt, heute Sitz der Regierung von Oberfranken, kam 1248 in den Besitz der Nürnberger Burggrafen, war von 1603 bis 1769 Residenz der Markgrafen von Brandenburg-Kulmbach-Ansbach, wurde 1791 preußisch und gehört seit 1810 zu Bayern. Alle Jahre gibt es im Bayreuther Festkalender nicht nur die Richard-Wagner-Festspiele, sondern auch die Fränkische Festwoche mit interessanten Aufführungen im Markgräflichen Opernhaus, das Internationale Jugendfestspieltreffen und das Sommernachtsfest in der Eremitage.

BESICHTIGUNGEN

Altes und Neues Schloß Eremitage

★ Noch bevor ihr Bruder Friedrich in Potsdam sein Sanssouci baute, schuf sich Markgräfin Wilhelmine ihr Rokoko-Sommerschloß (das »Alte Schloß«). Dazu wurde die »Eremitage« ihres Schwiegervaters umgebaut, der Park zu einem damals erstaunlich modernen Landschaftsgarten umgewandelt. Grotten, Wasserspiele und ein »Ruinentheater« entstanden, dann ein Orangerie- und Menageriebau, das spätere »Neue Schloß«. *Altes Schloß: 15. April bis 30. Sept. Di–So 10–17 Uhr, Okt. und Nov. Di–So 10–15 Uhr, 1. Dez. bis 14. April geschl., Wasserspiele Mai bis Okt. tgl. zur vollen Stunde 10 bis 17 Uhr, östlich der Stadt*

Festspielhaus

★ Knapp 2000 Plätze auf einfachen Klappstühlen bietet Richard Wagners Festspielhaus. 1872 wurde der Grundstein gelegt, 1876 endete der erste Festspielsommer mit riesigem Defizit. Heute allerdings ist die Nachfrage mit 500 000–600 000 Bestellungen rund zehnmal so groß wie das Angebot. Übrigens sind die Gagen der Sänger in Bayreuth moderat, ebenso die Kartenpreise. Der Besuch lohnt sich auch außerhalb der Festspielwochen: hochinteressant ist die nach Wag-

Markgräfliches Opernhaus in Bayreuth – glanzvolle Bühne des Rokoko

ners Plänen unsichtbare Plazierung des Orchesters und das ausgetüftelte System der Schallführung. *Führungen Di–So 10, 10.45, 14.15 und 15 Uhr, jedoch nicht während der Probenzeit (etwa ab Juni) und im Nov., während der Festspielzeit (Ende Juli und August) nur vormittags nach Möglichkeit. Bayreuther Festspiele, Kartenbüro, Postfach 10 02 62, 95402 Bayreuth, Tel. 0921/787 80*

Markgräfliches Opernhaus

Markgräfin Wilhelmine ließ als Theater- und Opernfan fünf Theater bauen. Dies ist das schönste, 1744–48 von Giuseppe Galli-Bibiena und seinem Sohn Carlo gebaut, noch heute zur Saison in Betrieb – ein Meisterwerk höfischer Theaterkultur, mit einer Bühne von 27 m Tiefe. Ton- und Lichtinszenierung, *erste Show tgl. 10.15 Uhr, letzte Show im Sommer 16.15, im Winter 14.15 Uhr, April–Sept. Di–So 10–17, Okt. bis März Di–So 10–15 Uhr*

Neues Schloß

Residenz der Markgrafen, 1753 nach dem Brand des alten Stadtschlosses aus fünf Einzelbauten von Joseph Saint-Pierre errichtet, mit Zedernsaal und den Hoheiten- und Markgrafenzimmern; in glanzvollem Rokoko zeigen sich Spiegelscherbenkabinett, Spalierzimmer, Palmenzimmer. (Nicht zu verwechseln mit dem Neuen Schloß Eremitage.) *April–Sept. Di bis So 10–17, Okt.–März 10 bis 15 Uhr, Ludwigstraße*

Park Fantaisie

Park des 18. Jhs. bei Schloß Donndorf, wo die Tochter der Markgräfin nach ihrer gescheiterten Ehe mit Herzog Carl Eugen von Württemberg lebte. 5 km westlich von Bayreuth.

MUSEEN

Brauerei- und Büttnerei-Museum der Gebrüder Maisel

Seit 1988 als umfangreichstes Brauereimuseum im Guinness-Buch der Rekorde! *Führungen für Individualreisende Mo–Sa 10–17 Uhr, für Gruppen jederzeit nach Voranmeldung, Kulmbacher Str. 40*

Deutsches Freimaurermuseum

Im historischen Haus der Freimaurer-Loge »Eleusis zur Verschwiegenheit«. *Di–Fr 10–16, Sa 10–12 Uhr, während der Festspielzeit tgl. 10–16 Uhr, Im Hofgarten 1*

Franz-Liszt-Museum

Im Sterbehaus des Komponisten wird die von der Stadt erworbene Liszt-Sammlung Ernst Burgers gezeigt. Liszt war der Vater von Wagners zweiter Frau, Cosima. *Tgl. 10–12 und 14–17 Uhr, Juli und Aug. tgl. 10–17 Uhr, Wahnfriedstr. 9*

Historisches Museum

Höfische und bürgerliche Kultur Bayreuths. Fayencen. *Kirchplatz 6, Di–So 10–17 Uhr, während der Festspielzeit auch Mo*

Jean-Paul-Museum

Hier lebte Jean Paul, der aus Wunsiedel stammende Dichter, seit 1804. *Tgl. 10–12, 14–17 Uhr, Juli und Aug. tgl. 10–17 Uhr, Wahnfriedstr. 1.* An der Königsallee ist die *Rollwenzelei* erhalten, ein ehemaliges Wirtshaus, in dem Jean Paul einkehrte und arbeitete.

Richard-Wagner-Museum

Wiederhergestellte Wohnräume und große Sammlung von Bildern und Dokumenten in dem von Wagner selbst entworfenen Haus. *Haus Wahnfried, April–Okt. tgl. 9–17, Di und Do bis 20 Uhr, Nov.–März tgl. 10–17 Uhr, Musik 10, 12 und 14 Uhr, Video 11 und 15 Uhr*

RESTAURANTS/CAFÉS

Braunbierhaus

Was das Hofbräuhaus in München, ist in Bayreuth das Braunbierhaus. *11–14 und 17–1 Uhr, So ab 14.30 geschl., Kanzleistr. 15, Tel. 0921/696 77, Kategorie 2*

Eule

Voller Künstlersouvenirs, beliebter Treffpunkt zur Festspielzeit. *Mo–Sa 10–22 Uhr, Kirchgasse 8, Tel. 0921/575 54, Kategorie 2*

Operncafé

Markgräfliches Ambiente. *Di bis Sa 9–18.30, So 10.30–18 Uhr, Opernstr. 16, Tel. 0921/657 20*

Weißenstephan

Fränkische und internationale Küche, Biergarten. *Di–So 11.30 bis 1 Uhr, Bahnhofstr. 5, Tel. 0921/ 822 88, Kategorie 2*

EINKAUFEN

80 Fachgeschäfte im neuen *Rotmain-Center* in der City. Die *Hofgarten-Passage* und die Passage am Marktplatz bieten Läden für den gehobenen Bedarf. In der *Galerie an der Stadtkirche (Kämmereigasse 4)* findet man zeitgenössische Kunst, im benachbarten *Puppenhaus* antike Puppen mit Expertise. Einer der letzten Handwerksbetriebe, die Pianos herstellen, ist die Pianofabrik *Steingraeber* in der Friedrichstraße.

HOTELS

Bayerischer Hof

Gemütliche Zimmer, Hallenbad und Garten. *49 Zi., Bahnhofstr. 14, Tel. 0921/786 00, Fax 786 05 60, Kategorie 1*

Eremitage

Klein und fein mit Restaurant *Cuvee. 6 Zi., Eremitage 6, Tel. 0921/ 79 99 70, Fax 799 97 11, Kategorie 1*

Goldener Löwe

Brauereigasthof, typisch fränkische Küche, guter Service. *10 Zi., Kulmbacher Str. 30, Tel. 0921/ 74 60 60, Fax 477 77, Kategorie 2*

Waldhotel Stein

6 km außerhalb, ruhig im Grünen, mit Hallenbad. *50 Zi., 95448 Bayreuth-Seulbitz, Tel. 0921/90 01, Fax 947 25, Kategorie 1*

SPIEL UND SPORT

Kreuzsteinbad mit Riesenrutsche *(Am Sendelbach, Tel. 0921/661 07), Stadtbad, Kolpingstr. 7, Tel. 0921/ 60 03 82.* Eislaufen im *Kunsteisstadion (am Sportpark, Tel. 0921/ 25 19 40)*, Fliegen *(Flugplatz Tel. 09208/85 22), Golf am Rodersberg 43, Tel. 0921/97 07 04*

AUSKUNFT

Kongreß- und Tourismuszentrale

Luitpoldplatz 9, 95444 Bayreuth, Tel. 0921/885 88, Fax 885 55

ZIELE IN DER UMGEBUNG

Kronach (110/B 3)

Am Zusammenfluß von Haßlach und Kronach liegt zwischen beiden Flüssen der mittelalterliche Stadtkern Kronachs (19 500 Ew.).

Stadtmauer und Stadttore, winklige Gassen und die Stadtpfarrkirche St. Johannes mit dem schönen Nordportal sind stimmungsvoll erhalten, auch das spätmittelalterliche Geburtshaus des Malers Lucas Cranach d. Ä. *(Marktplatz, Ecke Lucas-Cranach-Straße).* Empfehlenswert ist ein Besuch der guterhaltenen *Festung Rosenberg (Führungen ganzjährig Di bis So 11 und 14 Uhr)* mit dem *Frankenwaldmuseum* (Sammlungen zur Kultur- und Sozialgeschichte des Frankenwaldes). *Di bis So 14–17 Uhr*

Kulmbach (110/C 3)
Vier große Brauereien und etliche kleine produzieren das weltberühmte Bier, und neun Tage lang wird Ende Juli das Kulmbacher Bierfest in der Altstadt gefeiert (Festzelt mit 3500 Plätzen!). Im Umland wächst Gerste, aus der 60 Prozent des in Deutschland verbrauchten Malzes gewonnen werden. Auch aufs Essen und Würzen versteht man sich in der 28 000-Einwohner-Stadt. Bei der Metzgerei Lauterbach gibt's rund 130 (!) Wurstsorten, eine Kulmbacher Spezialität ist der Bratwurststollen mit Anis.

Zur Plassenburg wird man, heißt es, nächstens mit einer Standseilbahn im Innern des Burgberges hinauffahren können. Das mächtige Festungswerk mit einem der prächtigsten Arkadenhöfe der Renaissance bewahrt kostbare museale Sammlungen, vor allem das Deutsche *Zinnfigurenmuseum,* mit über 300 000 Figuren das größte der Welt, und das *Landschaftsmuseum Obermain,* in dem auch das Faksimile der fast 13 qm großen »Ebstorfer Weltkarte« aus dem Jahr 1235 ausgestellt ist. *April bis Sept. Di–So 10–16.40, Okt.–März 10–15.50 Uhr*

Naturpark Frankenwald (110/B–C 1–3)
Die großen Fichtenwälder versucht man wieder mit Rotbuchen, Bergahorn, Esche und Tanne zu renaturieren. Charakteristisch für den 99 qkm großen Naturpark sind neben Wäldern und Hochflächen tiefeingeschnittene Täler, auf deren Bächen und Flüssen früher Flößerei betrieben wurde. Das Höllental bei Selbitz mit seinen bis zu 130 m hohen Felswänden und die Steinachklamm nordöstlich von Kulmbach bieten großartige Landschaftsbilder. Der Flößerwanderweg begleitet die Rodach und Wilde Rodach.

Sanspareil (110/B 4)
»Ohnegleichen« weit und breit ist der Felsen- und Grottengarten mit dem »Morgenländischen Bau«, den Markgräfin Wilhelmine um eine riesige Buche erbauen ließ. Zu dieser grün wuchernden Phantasiewelt fügen sich farbige Glasflüsse und bunte Steine, die künstliche Ruine des Grottentheaters und der riesenpilzartige »Regenschirm«-Felsen. *Bei Burg Zwernitz, zwischen Schirradorf und Hollfeld*

COBURG

(109/F 2) In Coburg wurde europäische Heiratspolitik gemacht, Prinzen und Prinzessinnen von Sachsen-Coburg und -Gotha heirateten in die Dynastien Belgiens, Bulgariens, Rumäniens, Portugals, Rußlands, Schwedens, vor allem aber Großbritanniens. Die ehemalige Residenzstadt (43 000 Ew.) mit ihrem schönen Marktplatz und der vielgerühmten Veste ist erst seit einer Volksabstimmung 1920 bayerisch.

Der Wiener Walzerkönig Johann Strauß war, was wenige wissen, Coburger Staatsbürger. Als ihm im katholischen Wien eine Scheidung verweigert wurde, nahm der 62jährige das Angebot des Coburger Herzogs Ernst II. an, konvertierte, ließ sich als Coburger Staatsbürger scheiden und einen Monat später in der Schloßkirche der Ehrenburg neu trauen. Hundert Jahre danach, 1987, fanden in Coburg erstmals die Johann-Strauß-Musiktage statt.

BESICHTIGUNGEN

Schloß Ehrenburg

Eine Empireresidenz mit neugotischer Fassade – das ist in Deutschland einzigartig. Der junge Karl Friedrich Schinkel war Berater beim Umbau des Renaissance- und Barockschlosses. Der Riesensaal ist noch barock, der Thronsaal aber reines Empire, Möbel und Möbelstoffe kamen aus Paris. Die Toilette mit Wasserspülung traf erst um 1860 ein – aus England. Interessante Gemäldegalerie. *Di–So, Führungen April–Sept. 10, 11, 13.30, 14.30, 15.30, 16.30, Okt.–März 10, 11, 13.30, 14.30 und 15.30 Uhr*

Schloß Rosenau

Hervorragend restauriert, zeigt die ursprünglich mittelalterliche Burg wieder die neugotische Innengestaltung, wie sie im 19. Jh. vermutlich von Karl Friedrich Schinkel entworfen wurde. Queen Victoria ließ es sich hier an der Geburtsstätte ihres Coburger Prinzgemahls Albert wohl sein. *Führungen Di–So 10, 10.45, 11.30, 13.30, 14.15, 15, 15.45, sommers auch 16.30 Uhr, 96472 Rödental, Busverbindung ab Marktplatz oder Bahnhof Coburg*

MUSEEN

Kunstsammlungen der Veste Coburg

Als eine der größten deutschen Burgen thront die Veste Coburg, die »Fränkische Krone«, über der Stadt. Mit ihrem dreifachen Mauerring ist sie in tausendjähriger Baugeschichte entstanden. Sie beherbergt heute hervorragende Kunstsammlungen: Zu sehen sind Kunsthandwerk und Keramik, Gemälde und Skulpturen, eines der reichsten Kupferstichkabinette, dazu das rekonstruierte Lutherzimmer, in dem der Reformator im Jahre 1530 wohnte. *April–Okt. Di–So 10–17, Nov.–März Di–So 13–16 Uhr*

Museum für Modernes Glas

★ Einzigartige Sammlung in der ehemaligen Orangerie von Schloß Rosenau mit Objekten aus der ganzen Welt, darunter Glasarbeiten von Vaclav Cigler, Erwin Eisch, Walter Schwarz. Zweigmuseum der Kunstsammlungen der Veste Coburg. *April bis Okt. Di–So 10–13 und 13.30–17 Uhr, Nov.–März Di–So 13–16 Uhr, 96472 Rödental, Bus und Bahn von Coburg nach Neustadt*

Naturkundemuseum

Große Sammlung zu Pflanzen- und Tierleben, Geologie, Mineralogie und Völkerkunde. *Tgl. 9 bis 13 und 13.30–17 Uhr, Park 6, im Hofgarten an der Auffahrt zur Veste*

Puppenmuseum Coburg
Im Hause des Dichters und Orientalisten Friedrich Rückert sind heute 900 Puppen aus der Zeit von 1810 bis 1950 zu bewundern. *April–Okt. tgl. 9 bis 17, Nov.–März Di–So 10–17 Uhr, Rückertstr. 2–3*

Sammlung Herzoglicher Kunstbesitz Schloß Callenberg
Auch Sonderausstellungen. 3 km nördlich von Coburg. *Mai–Okt. tgl. Führungen 10, 11, 12, 14, 15, 16 Uhr, Nov.–April 14, 15, 16 Uhr sowie nach Voranmeldung*

RESTAURANTS

Künstler-Klause
Gemütlich, hausgemachte Nudeln, frischer Fisch. *Di–Sa 16.30 bis 1, So 11.30–14 Uhr, Theaterplatz 4a, Tel. 09561/90705, Kategorie 2*

Schaller
Im Hotel Coburger Tor, mit Gourmet-Ehrgeiz. *Mo–Sa 18 bis 24 Uhr, Ketschendorfer Str. 22, Tel. 09561/25074, Kategorie 1*

EINKAUFEN

Porzellan, Glas, Spielwaren und Puppen werden im Coburger Land produziert. Glasbläsereien im *Glas-Weihnachtsland (Dieselstr. 7, Neustadt)* und im *Franken-Glasbläser-Studio J. Piller (Kellerweg 20, Untersiemau, Haarth).* Für Sammler von »Hummel-Figuren« bietet die *W.-Goebel-Porzellanfabrik,* in der die lieb lächelnden Figuren der Nonne Berta Hummel (Klosterschwester Innocentia im schwäbischen Sießen) produziert werden, eine Ausstellung mit Vorführung. *Coburger Str. 7, 96472 Rödental, Tel. 09563/92303*

HOTELS

Fink
Guter Gasthof mit eigener Metzgerei, mit Bus in 10 Min. zu erreichen. *15 Zi., Lützelbucher Str. 24, Stadtteil Lützelbuch, Tel. 09561/1238, Fax 27240, Kategorie 3*

Goldener Anker
Zentral gelegen, mit Restaurant (Vollwertkost). Swimmingpool und Dachterrasse. Nichtraucherzimmer. *68 Zi., Rosengasse 14 und 20, Tel. 09561/95027, Fax 92560, Kategorie 1–2*

Goldene Traube
Zentral und ruhig, mit Saunalandschaft und gepflegtem Restaurant. *70 Zi., Am Viktoriabrunnen 2, Tel. 09561/8760, Fax 876222, Kategorie 1*

SPIEL UND SPORT

Radwandern, auch in geführten Rundfahrten, im Umkreis zahlreiche Hallenbäder und Badeseen, Freizeitzentren, Squash-Courts, Tennisplätze, Reitsport- und Wintersportangebote, Golfplatz in Weitramsdorf bei Schloß Tambach.

AM ABEND

Das *Landestheater Coburg* bringt jährlich rund 300 Aufführungen von Schauspielen, Opern, Operetten und Musicals im eigenen Haus. *Schloßplatz, Tel. 09561/88528.* ✶ Im *GAG No. 1* gibt's unten eine Disko, oben eine Weinstube *(Vorderer Floßanger 6a, Tel. 09561/63837),* ✶ das *Tanzcafé* ist Treffpunkt der jungen Generation *(tgl. 21–3 Uhr, Steinweg 36, Tel. 09561/92295).*

AUSKUNFT

Tourist-Information Stadt und Land Coburg
Herrngasse 4, 96450 Coburg, Tel. 09561/741 80, Fax 74 18 29

Tourist Information Oberes Maintal-Coburger Land
Kronacher Str. 30, Landratsamt, 96215 Lichtenfels, Tel. 09571/182 83, Fax 182 08

ZIELE IN DER UMGEBUNG

Kloster Banz **(109/F 3)**
In grandioser Lage entstand über dem rechten Mainufer die Klosterkirche von Banz (1710–19). Architekt war Johann Dientzenhofer, dessen Bruder Leonhard zuvor die Konventgebäude und den Abtbau der schon im 11. Jh. gestifteten, dann mehrfach zerstörten Benediktinerabtei errichtet hatte. Prächtiges Deckengemälde von Melchior Steidl, sehr schönes Chorgestühl. *Führungen tgl. 9–12, Mai–Okt. auch 14–17 Uhr.* Seit 1978 ist die ehemalige Abtei Besitz der Hanns-Seidel-Stiftung. Zu besichtigen ist auch die *Petrefaktensammlung* mit seltenen Versteinerungen aus der Umgebung, wie dem 2 m langen Kopf eines Ichthyosaurus (Fischsauriers). *März–Okt. Di–So 10 bis 17.30 Uhr, Tel. 09573/39 59*

Lichtenfels **(110/A 3)**
Sehenswert sind das barocke Rathaus von Johann Dientzenhofer, das Alte Stadtschloß auf dem Knopsberg und die spätgotische Stadtpfarrkirche. Im Kronacher Torturm aus dem 15. Jh. kann man beim Korbflechten zusehen *(Mo–Fr 9–18, Sa 9–13 Uhr, auch Ausstellung).* Lichtenfels (22 000 Ew.) nennt sich »Hauptsitz der deutschen Korbwarenindustrie« und veranstaltet alljährlich im September einen Korbmarkt. In Wochen- und Wochenendkursen kann man dieses Handwerk erlernen.

Zum Speisen und Nächtigen empfiehlt sich das *Hotel Krone. 60 Zi., Robert-Koch-Str. 11, Tel. 09571/700 50, Fax 700 65, Kategorie 2. Auskunft: Städtisches Verkehrsamt im Rathaus, Marktplatz 1, 96215 Lichtenfels, Tel. 09571/79 50, Fax 79 51 92*

Sesslach **(109/F 3)**
Beispielhaft erhaltenes altfränkisches Städtchen (4000 Ew.) an der Rodach mit noch vollständig erhaltener Stadtmauer und drei Tortürmen, schönen alten Fachwerkhäusern und »Rückert-Gärtchen«.

Staffelstein **(109/F 2–3)**
Adam Ries, der Rechenmeister, wurde 1492 hier geboren. Über dem romantischen Städtchen (10 500 Ew.) liegt der Staffelberg mit seiner Felskrone und der schönsten Aussicht Frankens. Viktor von Scheffel hat sein Loblied auf Franken 1859 darum dem Staffelberg gewidmet: »Wohlauf, die Luft geht frisch und rein / wer lange sitzt, muß rosten / den allersonnigsten Sonnenschein / läßt uns der Himmel kosten.« Erinnerungen an Ries und Scheffel im *Städtischen Museum. April–Okt. Di–Fr 10–12, Di–So 14–16 Uhr, Am Kirchplatz, Tel. 09573/41 47 und 41 92*

Vierzehnheiligen **(110/A 3)**
Frankens berühmteste Wallfahrtskirche ist eines der genialsten Werke des Barockarchitek-

ten Balthasar Neumann, der die Doppelturmfassade aus gelbem Sandstein wirkungsbewußt über das Maintal gegenüber von Banz stellte. Mit einer kühnen Kuppelkonstruktion schuf er einen Raum reicher Wölbungen und festlicher Lichtbahnen. Mit dem Bau der Kirche wurde 1741 begonnen, vollendet wurde er aber erst 1772 nach Neumanns Tod. Der Gnadenaltar der vierzehn Nothelfer in der Raummitte ist ein bravouröses Rokokowerk von Johann Michael Feichtmayr. Seit 1519 ein Schäfer hier eine Vision der 14 Nothelfer erfuhr, galt der Ort als wunderkräftig. *Besichtigung sommers tgl. 7–19, winters tgl. 7–18 Uhr*

Wildpark Schloß Tambach (109/F 2)

Parklandschaft mit 25 Wildarten, Wanderwegen, Angelmöglichkeit, Jagdfalkenhof, Ponyreiten, Kinderspielplatz und Biergarten. *Tel. 09567/202, 8 km westlich Coburg*

HOF

(111/D–E 2) Hof sieht jünger aus, als es ist. Nicht Fachwerk, Gotik und Barock, sondern der Klassizismus des 19. Jhs. überwiegt bei den historischen Bauten. Stadtgründer waren die Grafen von Andechs-Meranien im 13. Jh., die damaligen Vögte des Reichsgutes – daher noch heute der Name Vogtland. Seit 1848 das bayerische Eisenbahnnetz auch Hof erreichte, wuchs an der Saale eine moderne Industriestadt (53 000 Ew.).

Den Stadtbrand von 1823 überstanden einige stattliche Kirchen und die Außenmauern des 1566 erbauten Rathauses. Die *Internationalen Filmtage* haben mittlerweile einen angesehenen Platz unter den europäischen Filmfestspielen eingenommen.

Stilvoll einkehren kann man im Theresienstein im Stadtpark von Hof

BESICHTIGUNGEN

Alter Bahnhof
Eines der ältesten deutschen, in Teilen erhaltenen Bahnhofsgebäude, 1848 errichtet.

Bismarckturm
Auf dem Rosenbühl (579 m)

Galerie im Gerstenboden
Wechselnde Ausstellungen. *Ascher Str. 3, Auskunft: Tel. 09281/48 99*

Spitalkirche (Hospitalkirche)
Sehenswerte Felderdecke mit 90 Gemälden biblischer Szenen aus dem Jahr 1689. Der gotische Kirchenbau entstand seit 1264. *Vor dem Unteren Tor*

Stadtpark Theresienstein
Nach dem Vorbild des Englischen Gartens in München geschaffen. Wunderschön restauriert: das Jugendstilhaus *Theresienstein* mit Restaurant und Bistro. Auch Konzerte, botanischer, zoologischer und geologischer Garten und Zooschule, dazu Streichelgehege und Abenteuerspielplatz. *Sommer tgl. 9–18, Winter 9–16 Uhr, Restaurant Tel. 09281/23 37, Kategorie 2.* Aussichtsturm.

Volkssternwarte
Himmelsbeobachtung, Führungen, Vorträge mit Radioteleskop und Helioskop; Kinderplanetarium. *Egerländerweg 24, Tel. 952 78 oder VHS Hof, Tel. 09281/842 20*

MUSEUM

Museum Bayerisches Vogtland
Stadt- und Kulturgeschichte, vor allem aber präparierte Vögel und Säugetiere. *Mi–Do 9–17, Fr 9–16, So 10–16 Uhr, Unteres Tor 5a/5b*

RESTAURANT

Am billigsten speist man beim »Wärschtlamo«, so heißen hier die Wurstverkäufer, die aus beheizten Messingkesseln – am Riemen über der Schulter getragen – Hofer Wurst anbieten.

Hofer Kartoffelhaus
Gemütlich, rustikal (im Hotel Central, an der Freiheitshalle). *Warme Küche 11.30–14 und 17.30 bis 22 Uhr, kein Ruhetag, Kulmbacher Str. 4, Tel. 09281/60 50, Kategorie 2*

SPIEL UND SPORT

Attraktives Badezentrum ist das *Hof-Bad* mit römischem Brunnen, 58-m-Wasserrutsche und tollem Wildwasserkanal. *Oberer Anger, Tel. 09281/844 43*

Surfbretter kann man sich am *Untreu-See* (4 km südlich) leihen. Tennis, Reiten, Motor- und Segelfliegen, Rollkunst- und Eisschnellauf, 18-Loch-Golfplatz im Ortsteil Haidt.

HOTELS

Am Kuhbogen
Familiär geführt, zentrale Lage. *45 Zi., Marienstr. 88, Tel. 09281/ 720 30, Fax 720 33 33, Kategorie 3*

Central
First class, mit Bar, Sauna, Whirl-Pool und den *Hofer Stuben (6.30 bis 23 Uhr geöffnet). 105 Zi., Kulmbacher Str. 4, Tel. 09281/60 50, Fax 624 40, Kategorie 1 und 2*

Gut Haidt
Landhotel in alter Gutsanlage – und zum Golfplatz ist's nicht weit. Sauna, Reitmöglichkeit,

Fahrradverleih. *52 Zi., 95028 Hof Haidt, Plauener Str. 123, Tel. 09281/ 73 10, Fax 73 11 00, Kategorie 1*

AM ABEND

Kuriosa
Der In-Treffpunkt für Nachtschwärmer. *Ascher Str. 3, Tel. 09281/47 77 76*

Städtebundtheater Hof
Dreispartentheater, bei Opern, Operetten und Musicals in Zusammenarbeit mit den Hofer Symphonikern. Neubau gegenüber der Freiheitshalle. *Kulmbacher Straße, Tel. 09281/17 18*

AUSKUNFT

Touristinformation
Ludwigstr. 24, Postfach 16 65, 95015 Hof, Tel. 09281/81 56 66, Fax 81 54 99

ZIELE IN DER UMGEBUNG

Fichtelsee (111/D 4)
Schon im 18. Jh. angelegter Stausee, im 20. Jh. auf 10 ha vergrößert. Bei Schwimmern und Ruderern (Bootsverleih) beliebt. Der benachbarte Luftkurort und Wintersportplatz Fichtelberg wurde im späten Mittelalter von Bergleuten besiedelt,

Im verwunschenen Felsenlabyrinth der Luisenburg im Fichtelgebirge

die Zinn und Eisen abbauten (*Besucherbergwerk* im Gleißinger Fels). Den schönsten Blick hat man vom 1023 m hohen Ochsenkopf. Wer direkt am See wohnen will: *Waldhotel am Fichtelsee. 18 Zi., 95686 Fichtelberg, Tel. 09272/466, Fax 469, Kategorie 3*

Luisenburg **(111/E 4)**
Das Felsenlabyrinth mit seinen Höhlen, Grotten und Schluchten am Kösseine-Bergstock ist ein Hauptanziehungspunkt des Fichtelgebirges. Ursprünglich hieß der Berg Luxburg. Er diente zeitweise als Raubrittersitz. Im späten 18. Jh. wurde das Felsgelände von Wunsiedler Bürgern zugänglich gemacht und nach einem Besuch der preußischen Königin Luise im Jahre 1805 nach ihr benannt. Auf der schönen Naturbühne mit rund 1800 Plätzen finden im Sommer die Luisenburg-Festspiele statt. *(Auskunft: Verkehrsamt, Jean-Paul-Str. 5, 95632 Wunsiedel, Tel. 09232/60 21 62, Fax 60 21 69)* Südöstlich der Bühne führt auf Treppenwegen und Pfaden ein Rundgang durch das Felsenlabyrinth.

Naturpark Fichtelgebirge **(111/D-E 3-4)**
Im Dreieck zwischen Hof, Bayreuth und Waldsassen erstreckt sich das Wald- und Hügelland mit Felslabyrinthen, Grotten, steinernen Meeren und den Granitkuppen des Schneebergs (1053 m) und des Ochsenkopfs (1023 m). Quer über das Fichtelgebirge zieht die europäische Hauptwasserscheide zwischen Donau, Rhein und Elbe. Reste der sumpfigen Senken stehen unter Naturschutz (Häuselloh, Zeitelmoos, Fichtelseemoor). Zur Zeit der Markgrafen von Bayreuth wurde in den Hochlagen Eisen und Zinn abgebaut. Glasmacher und Kristallschleifer, Zinngießer und Holzschnitzer sind noch heute tätig. Wanderwege, Lifte und Ski-Langlaufloipen finden sich reichlich.

Selb **(111/D 2)**
Inmitten von Waldbergen liegt die Porzellanstadt Selb (20 000 Ew.) nahe der Grenze zur Tschechischen Republik. Seit Lorenz Hutschenreuther in der einstigen Weberstadt 1857 die erste Fabrik aufmachte, ist die Porzellanproduktion immer weiter gewachsen. Man kann beachtliche künstlerische Gestaltungen von Fabrikfassaden sehen (Hundertwasser, Morandini, Piene) und Porzellanbetriebe besichtigen. *Auskunft: Stadtverwaltung, Ludwigstr. 6, 95100 Selb, Tel. 09287/ 88 31 18 oder 88 31 78*

Wunsiedel **(111/E 4)**
Die Stadt (11 000 Ew.) der Luisenburg-Festspiele, nach dem Stadtbrand von 1834 wieder aufgebaut, hat ein noch klassizistisch geprägtes Ambiente, vielerlei Sporteinrichtungen für alle Jahreszeiten und das Fichtelgebirgsmuseum mit großer geologischer Sammlung *(Di–So 10–17 Uhr)*. In Wunsiedel wurde der Dichter Jean Paul (1763–1825) geboren, sein Geburtshaus und ein Denkmal von Ludwig von Schwanthaler erinnern an den Dichter der »Flegeljahre«. Hoteltip: *Juliushammer,* ehemals Mühle und Hammerwerk, heute Ferienhof, Hotel und Pension mit Tennisplatz und Swimmingpool. *38 Zi. und Apartments, Im Röslautal, Tel. 09232/97 50, Kategorie 2*

Wo Frankens Reben reifen

Fünf große Naturparks umrahmen eine der schönsten deutschen Weinlandschaften

Das Maindreieck um Würzburg und das Mainviereck um Wertheim und Klingenberg, dazu die Hänge des Steigerwalds um den Schwanberg stehen bei Weinfreunden in hohem Ansehen. Zwar wird hier nur ein kleiner Teil der deutschen Weinernte eingebracht, aber die trockenen, erdigen Frankenweine haben ihren ganz unverwechselbaren Charakter. Wein und Kultur harmonieren in dieser Landschaft; groß wie die Zahl der Lagen ist auch die der Weinorte.

Wein wurde in Mainfranken schon zur Zeit Karls des Großen angebaut. Bis ins 8. Jh. reicht die Geschichte des Bistums Würzburg zurück. Dessen stolze Fürstbischöfe schmückten im 18. Jh. ihre Residenzstadt mit einem Schloß, wie es sich andernorts nur Kaiser oder Könige leisteten. Sie konnten sich der Hilfe des genialsten Baumeisters der an Architektentalenten nicht gerade armen Barockzeit bedienen, des großen Balthasar Neumann. Begonnen hatte der seine Würzburger Karriere als Artillerieingenieur. Darum hat ihn Tiepolo auf dem riesigen Deckenfresko der Würzburger Residenz mit einer Kanone porträtiert.

Vollendete Formen des Barock in der Hofkirche der Würzburger Residenz

Unterfranken ist noch mehr als nur Weinland. Nach Norden fährt man vom noblen Bad Kissingen in die weite Landschaft der Rhön und der Haßberge, nach Westen in die Wälder des Spessarts um Aschaffenburg. Sogar noch ein Stück Odenwald gehört zum bayerischen Franken. Dies sind die Naturparks Unterfrankens: Bayerische Rhön, Bayerischer Odenwald, Haßberge, Spessart – und ein Anteil am Naturpark Steigerwald.

ASCHAFFENBURG

(106/C3) Im westlichsten Bayern liegt die »Spessart-Metropole« Aschaffenburg (66 000 Ew.). Die industriell aktive Stadt am Mainbogen ist schon von weitem am Turmgeviert von Schloß Johannisburg zu erkennen. Die reichen Mainzer Kurfürsten schätzten die Sommerresidenz als Standquartier ihrer Hofjagden im Spessart. Im 18. Jh. legten sie auch die Parks von Schönbusch und Schöntal an.

Der Bayernkönig Ludwig I. – seit 1814 gehörte der Spessart zu Bayern – baute sich über dem Mainufer das mediterrane Schlößchen Pompejanum und nannte Aschaffenburg »mein bayerisches Nizza«.

BESICHTIGUNGEN

Park Schönbusch

Die Gartenlaune eines großen Herrn, des vorletzten Kurfürst-Erzbischofs von Mainz, ließ einen der ersten großen Landschaftsgärten entstehen. Friedrich Carl Joseph von Erthal wünschte sich einen künstlichen See, ein Schloß, einen separaten Speisesaal im Park, einen Tanzsaal – und kurz vor dem Ende des Ancien régime wurde das alles geschaffen. Emanuel Joseph d'Herigoyen war der Architekt, Ludwig von Sckell, der große Gartenkünstler, entwarf 1785 eine Parkkonzeption, die das ganze Mainknie umfaßte. Unter Einschluß des Nilkheimer Parks ist dieses Konzept im späten 20. Jh. aufgegriffen worden – der Schönbusch mit seinen wundervollen alten Bäumen (neben Buchen und Platanen auch Lebensbäume, Weymouthkiefern, Hemlocktannen) wurde bis zum Main ausgeweitet. *Im Sommer Schönbusch-Serenaden. Park durchgehend geöffnet, Schloß 15. März bis 15. Okt. Di–So 10–12.30 und 13.30 bis 17 Uhr, Kleine Schönbuschallee 1*

Pompejanum

An einem kleinen Weinberg über dem Main, von Schloß Johannisberg aus durch den Schloßgarten zu Fuß zu erreichen, baute Friedrich von Gärtner – dem München Bauten wie Siegestor, Feldherrnhalle und Universität verdankt – für König Ludwig I. 1840–48 nach dem Muster antiker, römischer Villenarchitektur das Pompejanum. Im Innern schöne Fresken und Mosaiken. Von der Gartenterrasse Blick auf Schloß und Main. *15. März–15. Okt. Di–So 10 bis 12.30, 13.30–17 Uhr, Saint-Germain-Terrasse*

Breit lagert das Aschaffenburger Schloß mit seinen roten Türmen am Main

MARCO POLO TIPS FÜR UNTERFRANKEN

1 **Mainfränkisches Museum**
Zwischen Weinbergen über Würzburg – Zeugnisse der Ritterzeit und kostbare Riemenschneider-Werke (Seite 82)

2 **Veitshöchheim**
Flanieren in einem Gartenwunder des Rokoko (Seite 88)

3 **Zehntkeller**
»Schade, daß man einen Wein nicht streicheln kann«, notierte Kurt Tucholsky in Iphofens Traditionslokal (Seite 86)

4 **Nikolaushof in Würzburg**
Sorgt für Gaumenfreuden in schöner Umgebung (Seite 83)

Sandkirche
Ein Rokokojuwel, als Wallfahrtskirche 1756 erbaut, die einzige Kirche Aschaffenburgs, die im Zweiten Weltkrieg nicht schwer beschädigt wurde. Das durch Feuchtigkeit zerstörte Deckengemälde von Johann Zick wurde 1986 von dem Würzburger Wolfgang Lenz erneuert. *Sandgasse*

Stiftskirche St. Peter und Alexander
Älteste Kirche der Stadt, mit spätromanischem Kreuzgang. Unter den vielen Kunstwerken das anrührendste: die »Beweinung Christi« von Matthias Grünewald. *Mo–Sa ab 9, So ab 12 Uhr bis Einbruch der Dunkelheit, Stiftsgasse 1, Info-Tel. 06021/277 21*

MUSEEN

Automuseum Rosso Bianco Collection
Von Adler und Aston Martin bis zu Wanderer und Zakspeed: rund 200 Straßen- und Rennsportwagen, zusätzlich »Art & Auto Forum«, eine Ausstellung von Kunstwerken rund ums Auto. *April–Okt. Di–So 10 bis 18 Uhr (Art & Auto nur Sa–So), Nov.–März So und feiertags 10–18 Uhr, Obernauer Str. 125*

Schloß Johannisburg mit Schloßmuseum
Imposantes, kraftvolles Renaissanceschloß, als sandsteinroter Vierflügelbau 1605–14 erbaut, mit mittelalterlichem Bergfried. Die Zweitresidenz der Mainzer Kurfürsten und Erzbischöfe brannte 1945 unter Bombenwürfen und Artilleriebeschuß aus, wurde aber wiederhergestellt. Außer den fürstlichen Räumen sind kostbare Gemälde der Bayerischen Staatsgemäldesammlungen, u.a. von Lucas Cranach d.Ä., zu sehen, im Schloßmuseum der Stadt Kunstgewerbe, dazu als Rarität eine einzigartige Sammlung von Architekturmodellen aus Kork. *April–Sept. Di–So 9–12 und 13–17 Uhr, Okt.–März Di–So 11–16 Uhr*

Stiftsmuseum der Stadt
Sakrale Kunst und große vor- und frühgeschichtliche Sammlung im alten Stiftkapitelhaus. *Mi–Mo 10–13 und 14–17 Uhr, Stiftsplatz*

RESTAURANTS

Hofgarten
Brauereiausschank, zentral gelegen, mit großem Biergarten. *Tgl. ab 11, im Winterhalbjahr ab 17, So ab 15 Uhr, Hofgartenstr. 1, Tel. 06021/221 88, Kategorie 2*

Schloßweinstuben Aschaffenburg
Mit Schloßterrasse, Hausausschank des Staatlichen Hofkellers Würzburg. *Di–Fr 11–24, Sa–So 10–24 Uhr, im Schloß Johannisburg, Tel. 06021/124 40, Kategorie 2*

HOTELS

Hotel Post
Bietet Vier-Sterne-Komfort. *71 Zi., Goldbacher Str. 19–21, Tel. 06021/33 40, Fax 134 83, Kategorie 1*

Wilder Mann
Traditionshotel mit viel Komfort, südlich vom Zentrum mit Feinschmeckerrestaurant. *67 Zi., Löher Str. 51, Tel. 06021/30 20, Fax 30 22 34, Kategorie 1*

AUSKUNFT

Tourist Information Aschaffenburg
Schloßplatz 1, 63739 Aschaffenburg, Tel. 06021/39 58 00-8 01, Fax 39 58 02. Ganzjährig jeden So 14 Uhr Stadtführung

ZIELE IN DER UMGEBUNG

Amorbach **(106/C 5)**
Der Abstecher in das Städtchen (5000 Ew.) an der Nibelungen- und Siegfriedstraße lohnt vor allem wegen der Abteikirche aus dem 18. Jh., die von dem Mainzer Hofbaumeister Maximilian von Welsch an die Türme eines romanischen Vorgängerbaus angefügt wurde. Der Innenraum ist eine der schönsten Schöpfungen des Barocks, voller Glanz und Festlichkeit. Der Wessobrunner Stuck, das prächtige schmiedeeiserne Chorgitter des Würzburgers Markus Gattinger und der Hochaltar fügen sich bei Konzerten mit der 3000-Pfeifen-Orgel zu einem Gesamtkunstwerk. Sehenswert sind auch die Abteigebäude sowie das *Teekannenmuseum (April–Okt. Di–So 13.30 bis 17 Uhr, Wolkmannstr. 2). Auskunft: Städtisches Verkehrsamt, Rathaus, 63913 Amorbach, Tel. 09373/209 40, Fax 209 33*

Klingenberg **(106/C 4)**
Der Spätburgunder vom Klingenberger Schloßberg hat einen guten Namen, wie das alte Städtchen (6000 Ew.) mit seinen Rebhängen, Weinstuben und Heckenwirtschaften. Von der mittelalterlichen Burg blieb nach dem Franzoseneinfall von 1683 nur noch eine Ruine. Während der Saison gibt es Burg-Festspiele und Serenaden im Rosengarten, man kann Streifzüge durch die Weinbergterrassen unternehmen und im *Weinbau- und Heimatmuseum (nach Vereinbarung, Tel. 09372/133 11)* eine Weinprobe machen. Für Kuscheltierfreunde: ein Teddymuseum *(Di–Fr 14–18, Sa, So 10–18 Uhr, in der Altstadt 7).*

Lohr **(107/E 3)**
Mit seinem unverfälschten, schönen, fachwerkreichen Altstadtkern, dem Bootshafen am Main und dem *Spessartmuseum* im kurmainzischen Schloß gehört Lohr (17 000 Ew.) zu Mainfrankens weniger bekannten Schätzen. Im Museum Lohrer Prunkspiegel aus dem 18. Jh., Spessart-

Keramik und das nachgebildete »Wirtshaus im Spessart«. *Di–Sa 10–12 und 14–16, So 10–17 Uhr, Schloßplatz 1*

Mespelbrunn **(107/D 4)**
Zwischen waldgrünen Hügeln liegt das »Märchenschloß des Spessarts«. Die Familie Echter, aus der auch der große Würzburger Fürstbischof Julius Echter stammt, baute im 15. Jh. das Wasserschloß mit festem Turm. An den höchst malerischen Schloßgebäuden haben auch die folgenden Jahrhunderte geformt; besonders sehenswert sind der Rittersaal, die Schloßkapelle mit Sterngewölbe und mittelalterlichen Glasgemälden, der Chinesische Salon und der Gobelinsaal. Viel altes Mobilar; zum Staunen: ein 8 x 3,40 m großer Bildteppich von 1564 mit einem Echter-Familienporträt. Das Schloß ist noch immer im Besitz der Reichsgrafen von Ingelheim, die seit 1698 Namen und Wappen der Echter zu Mespelbrunn führen. *Mitte März–Mitte Nov. Mo–Sa 9–12 und 13–17, So 9 bis 17 Uhr. Auskunft: Fremdenverkehrsverein Mespelbrunn, Hauptstraße 164, 63875 Mespelbrunn, Tel. 06092/319, Fax 55 37*

Miltenberg **(107/D 5)**
Wer Fachwerkfassaden liebt, kommt an Miltenberg (9400 Ew.) nicht vorbei. Auf schmalem Gelände zwischen Main und dem Greinberg, einem Ausläufer des Odenwalds, entstanden seit dem Mittelalter einige der schönsten und – wegen des knappen Baugrunds – auch höchsten deut-

Das Wasserschloß Mespelbrunn, ein Kleinod im Spessart

schen Fachwerkhäuser. Berühmt ist vor allem das *Schnatterloch,* einer der malerischsten alten deutschen Plätze, und das *Gasthaus Riesen,* 1590 als »Fürstenherberge« fünfgeschossig mit 100 Eichenstämmen errichtet. Städtisches *Museum* mit attraktiven Sammlungen. *Mai–Okt. Di–So 11 bis 17 Uhr, Nov.–April Mi–So 11 bis 16 Uhr.* Über der Stadt liegt die Miltenburg, eine Zoll- und Grenzfestung der Erzbischöfe von Mainz.

Naturpark Bergstraße Odenwald (106/B–C 5–6)

Südlich von Aschaffenburg bis nach Amorbach erstreckt sich der nur 399 qkm große, waldreiche Naturpark. Für den Wanderer fügen sich nahtlos die hessischen Gebiete des Bergstraße-Odenwald-Naturparks und die baden-württembergischen des Neckartal-Odenwald-Naturparks an. Felsformationen wie die Staffel bei Bürgstadt und die Steinhöhle bei Heppdiel/Gemeinde Eichenbühl stehen unter Naturschutz. *Auskunft: Odenwaldklub e. V., Postfach 12 70, 64739 Höchst/Odenwald, Tel. 06163/50 12 68*

Naturpark Bayerischer Spessart (106–107/C–E 3)

Weil die Mainzer Kirchenfürsten das Jagdvergnügen in den Spessartwäldern hochschätzten, bremsten sie die Besiedlung. Das nutzte auch dem Wald, der aber seit dem späten Mittelalter durch Glashütten und Erzbergbau schwer geschädigt und erst seit 1814 unter bayerischer Herrschaft wieder aufgeforstet wurde. Im Hochspessart überdauerten schöne Alteichen- und Buchenforste (Naturschutzgebiete Rohrberg und Metzgergraben). Am Eselsweg türmen sich zwischen Mönchberg und Röllbach mächtige Buntsandsteinblöcke. In dem 171 qkm großen Naturpark kommt der Schwarzspecht noch vor, daher auch der Name: »Spechtshaardt«. *Auskunft: Verein Naturpark Bayerischer Spessart e. V., Forstamt Mittelsinn, Brachetalstr. 2, 97785 Mittelsinn, Tel. 09356/52 85*

BAD KISSINGEN

(108/B 3) Vom Salz zur Gesundheit – das ist Bad Kissingens (23 200 Ew.) Weg durch die Geschichte. Zwei Salzquellen begründeten den Wohlstand. Die Würzburger Fürstbischöfe sicherten sich 1297 die Herrschaft und gaben sie erst 1803 ab; 1814 fiel die Stadt an das Königreich Bayern. Schon zur Lutherzeit begann der »Kurbetrieb«. 1737 entdeckte ein Kissinger Apotheker, Georg Anton Boxberger, die heute als »Rakoczy« bekannte Heilquelle. Balthasar Neumann, der das barocke Langhaus der Marienkapelle errichtete, verlegte 1737 auch den Lauf der Saale, um den vom Hochwasser bedrohten Badbrunnen zu schützen. Gekrönte Häupter unter den Gästen hoben das Renommee, 1883 wurde mit Erlaubnis König Ludwigs II. aus Kissingen »Bad Kissingen«, mit zahlreichen Heilanzeigen, von Stoffwechsel- und Kreislauf- bis zu Wirbelsäulen- und Gelenkerkrankungen. Hundert Jahre später kamen jährlich mehr als doppelt soviel Kurgäste, wie Kissingen Einwohner zählte. Seit 1986 ist der »Kissinger Sommer« als internationales Musikfestival mit hochkarätigen Künstlern ein Hauptereignis.

BESICHTIGUNGEN

Altenberg
Parkanlage des 19. Jhs. mit »Kissinger Walhalla« und Aussichtsplateau beim achteckigen Tempel von 1847.

Bismarck-Wohnung
Der Reichskanzler verbrachte in Bad Kissingen 15 Kuraufenthalte. 1874 war auf ihn am heutigen Hotel Kissinger Hof ein Attentat verübt worden. *Obere Saline 20, Führungen, Tel. 0971/785 12 41*

Burgruine Botenlauben
Der Ritter, Kreuzfahrer und Minnesänger Otto von Botenlauben hatte im frühen 13. Jh. hier seinen Sitz. Seine Dichtungen sind in der Manessischen Handschrift überliefert. Die Burg wurde im Bauernkrieg zerstört.

Kuranlagen
Jugendstil und Klassizismus prägen die gepflegten Anlagen mit Arkadenbau, Brunnenhalle und Regentenbau.

Postkutschenfahrt
Mit einer originalnah nachgebauten Biedermeierpostkutsche geht es zu Ausflügen in die Umgebung. *Mai–Okt. So, Mo, Mi und Fr nach Bad Bocklet, Di, Do und Sa zum Schloß Aschach, jeweils um 14 Uhr vom Fernmeldeamt, Münchner Str. 5, Anmeldung Postamt, Tel. 0971/ 715 74 52*

RESTAURANTS

Hofmann
Weinstube mit fränkischen Spezialitäten. *Do–Di 11.30–14 und ab 17.30 Uhr, Weingasse 4, Tel. 0971/26 19, Kategorie 2*

Laudensack
Feinschmeckerrestaurant mit ruhigem kleinem Hotel, Jugendstilambiente im Park. *Fr–Mi 18 bis 22 Uhr, So 12–14 Uhr, Kurhausstr. 28, Tel. 0971/722 40, Kategorie 1*

Ratskeller
Traditionsadresse, gemütlich. *Tgl. 11–1 Uhr, Rathausplatz 1, Tel. 0971/600 01, Kategorie 2*

HOTELS

Bristol
Familiäre Atmosphäre mit persönlichem Service. Schwimmbad, Kosmetikstudio, Sauna, Badeabteilung. Restaurant mit feiner Küche, auch vegetarisch. *48 Zi., Bismarckstr. 8–10, Tel. 0971/ 82 40, Fax 824 58 24, Kategorie 1*

Villa Rosa
Mit Garten und Liegewiese. *9 Zi., Schönbornstr. 20, Tel. 0971/612 00, Kategorie 3*

SPIEL UND SPORT

Vom Angeln in der Fränkischen Saale bis zum Eisstockschießen (winters in der Eissporthalle, sommers auf einer Asphaltbahn) ist fast alles möglich: Tennis, Squash und Golf, Schießen, Reiten, Jagen und Segelfliegen. Sehr schönes Terrassen-Freischwimmbad am Ballinghain (24 Grad), Hallenwellenbad; Mineral-Bewegungsbad (32 Grad), gespeist von den beiden Heilquellen Schönbornsprudel und Runder Brunnen.

AM ABEND

Für die abendliche Unterhaltung stehen Aufführungen im stimmungsvollen Staatlichen Kurtheater mit seinem silbernen Jugendstildekor, Konzerte im Regentenbau an der Fränkischen Saale, ein Tanzabend im Kurgarten-Café oder auch die Bayerische *Spielbank Bad Kissingen* im Luitpold-Casino im Luitpoldpark *(tgl. ab 15 Uhr)* zur Wahl. Für Tanzlustige: *Tanzcafé Piazzetta* im Hotel Sonnenhügel *(tgl. 18–1 Uhr, Burgstr. 15, Stadtteil Reiterswiesen, Tel. 0971/830)*.

Hartgesottene Nachtschwärmer treffen sich in *Huber's Guter Stube,* von Insidern auch Fränzi genannt *(ab 21 Uhr, Prinzregentenstr. 2)*.

AUSKUNFT

Bayerische Staatsbad GmbH
Am Kurgarten 1, 97688 Bad Kissingen, Tel. 0971/804 80, Fax 80 48 40

Kissinger Sommer-Festival Büro
Altes Rathaus, Marktplatz 9, 97688 Bad Kissingen, Tel. 0971/80 71 10, Fax 80 71 91

ZIELE IN DER UMGEBUNG

Aschach (108/B 2–3)
Unter hochragendem Treppengiebel ist im Schloß Aschach (16. Jh.) eine exquisite Sammlung europäischer und ostasiatischer Kunst zu besichtigen, die von den Grafen Luxburg zusammengetragen und dem Bezirk Unterfranken geschenkt wurde. Außerdem Schulmuseum und Volkskundemuseum. *Mai–Sept. Di–So 14–18, Okt. 14–17 Uhr, Führungen: Tel. 09708/61 42*

Hammelburg (108/B 3)
Mit alter Stadtmauer und Wehrtürmen, einer schönen spätgotischen Kirche und noch älterer Weinbautradition: eine Urkunde Karls des Großen bezeugt Hammelburger Reben schon im Jahre 777, früher als irgendwo sonst in Franken. Die Weine des Städtischen Weinguts kostet man auf *Schloß Saaleck* in historischem Ambiente, mit schönem Blick auf Stadt (12 900 Ew.) und Saaletal. *13 Zi., Di–So 11–14 und 18–22 Uhr, Saaleckstr. 1, 97762 Hammelburg, Tel. 09732/20 20, kein Fax, Kategorie 1–2*

Königsberg in Bayern (109/E 4)
Rothenburg kennt jeder, aber wer kennt das Städtchen Königsberg am Rand des Naturparks Haßberge? Altes Pflaster, wohlerhaltenes Fachwerk, idyllische Winkel – und selten touristisches Gedränge. Ausnahme: das Königsberger Pfingstfest. Sehr preiswerte Ferienwohnungen!

Münnerstadt (108/C 2–3)
Ein Meisterwerk Tilman Riemenschneiders in der Pfarrkirche St. Maria Magdalena macht den Ruhm Münnerstadts (8200 Ew.) aus – obwohl sein Maria-Magdalena-Altar in der Barockzeit abgerissen wurde und die meisten Tafeln und Figuren später ins Bayerische Nationalmuseum und in die Berliner Gemäldegalerie kamen. Der Bildschnitzer Lothar Bühner im benachbarten Neustadt schuf einfühlsam Kopien, so daß 1981 die Rekonstruktion des Hochaltars gelang. Auf die Rückseiten der Altarflügel malte Veit Stoß Szenen der Kilianslegende. In Münnerstadt sind auch noch das Deutschherrenhaus mit Hennebergmuseum (Deutschordensritter, fränkisches Leben), das spätgotische Rathaus und das

Augustinerkloster sehenswert. Übernachten kann man im *Bayerischen Hof*, einem gut restaurierten Fachwerkhaus mit Gewölbekeller. *23 Zi., Marktplatz 9, 97702 Münnerstadt, Tel. 09733/225, Fax 227, Kategorie 1 und 2*

Naturpark Bayerische Rhön (108/B–C 1–3)
Im 1240 qkm großen Naturpark im Norden Frankens mit seinen Basaltgebirgen und Basaltsäulen, mit Hochmooren und Wacholderheiden wird sich manches ändern. Die Unesco hat 1991, bald nach dem Ende der deutschen Teilung, das fränkisch-hessisch-thüringische Rhöngebirge als Biosphärenreservat in ihr weltumspannendes Netz von Schutzgebieten aufgenommen. *Auskunft: Tourist-Information Rhön, Spörleinstr. 11, 97616 Bad Neustadt, Tel. 09771/941 08/9, Fax 943 00*

Naturpark Haßberge (109/E–F 3–4)
Zwischen Main und Fränkischer Saale und bis an die Grenze zu Thüringen erstreckt sich das waldgrüne Mittelgebirge des 80 qkm großen Naturparks Haßberge. Er ist einer der kleinsten, doch einer der landschaftlich ursprünglichsten Naturparks in Bayern. Historisch war das Gebiet ein bunter Fleckerlteppich adliger Herrschaften, 15 Burgen und 26 Schlösser erinnern noch heute daran. Einzigartig in Deutschland ist der »Burgenkundliche Lehrpfad Haßberge«. Zum Naturparkkonzept gehört auch der »Amtsbotenweg« von Königsberg nach Coburg, dazu die »Straße der Fachwerkromantik«. Naturfreunde finden Wiesentäler mit Wollgras und Knabenkräutern. Steinkrebse in den Bächen bezeugen die gute Wasserqualität. Eine pittoreske Sandsteinformation zeigt der Rhät mit den Felsengärten von Lichtenstein, Pfarrweisach und Hafenpreppach. Schönste Ausblicke: von der Schwedenschanze bei Hofheim und vom Zimmerauer Aussichtsturm. *Auskunft: Tourist-Information Haßberge, Obere Sennigstr. 4, 97461 Hofheim, Tel. 09523/922 90, Fax 922 92 67*

Schweinfurt (108/C 4)
Nach der fast vollständigen Zerstörung im Zweiten Weltkrieg war Schweinfurt (53 000 Ew.), ehemals Freie Reichsstadt, bald wieder wohlhabend, dank der Zulieferindustrie für Kraftfahrzeuge und des Bedarfs an Wälzlagern und Fahrrad-Freilaufnaben. Grünflächen und mehrere Museen entstanden in der Industriestadt, bevor sie Anfang der 90er Jahre in eine schwere Krise geriet.

Mittelpunkt der Stadt ist der Marktplatz mit dem wiederhergestellten Renaissancerathaus und dem Denkmal des hier geborenen Dichters Friedrich Rückert. Die Galerie in der *Alten Reichsvogtei* zeigt fränkische und süddeutsche Gemälde des 19. Jhs. und moderne Kunst *(Di–Do 10–13 und 14 bis 17 Uhr, Obere Str. 11)*. Ein Hauptwerk der modernen Sakralkunst ist in der Kilianskirche zu sehen: Deutschlands größtes farbiges Kirchenfenster, gestaltet von Georg Meistermann. Bei *Hess*, der ältesten Weinstube Schweinfurts, 1816 gegründet, speist man auch heute noch gut: *Mo–Fr 11.30–14 und 18–22 Uhr und Samstagabend, Fischerrain 67, 97421 Schweinfurt, Tel. 09721/18 58 88, Kategorie 1–2*

WÜRZBURG

☛ Stadtplan Würzburg siehe S. 116

(**108/B 6**) Der Blick von der historischen Mainbrücke mit ihren barocken Heiligen hinauf zur Festung Marienberg, die wiedererstandene Herrlichkeit der fürstbischöflichen Residenz, die Weingewölbe des Staatlichen Hofkellers – all das ist ohnegleichen. Als eine moderne Universitäts- und Kongreßstadt inmitten von Weinbergen lebt Würzburg (130 000 Ew.) auch immer noch aus seiner bald 1300jährigen Geschichte: keltische Fliehburg um 1000 v. Chr., fränkischer Herzogssitz um 650 n. Chr., um 689 dann Mordstätte: der iroschottische Missionar Kilian erlitt mit seinen Gefährten Kolonat und Totnan den Märtyrertod. 742 wurde das Bistum gegründet, 1156 heiratete Friedrich Barbarossa in Würzburg Beatrix von Burgund (das barocke Deckenfresko im Kaisersaal der Residenz feiert das Ereignis allegorisch) und bestätigte das Herzogtum der Fürstbischöfe. Im Bauernkrieg lehnte sich die Bürgerschaft vergeblich gegen die geistliche Macht auf.

Mit allem Glanz des Barocks schmückten die Fürstbischöfe des Hauses Schönborn die Stadt. 1824 kam sie zu Bayern, geriet in ein provinziell-idyllisches Abseits. Am 16. März 1945 wurde Würzburg in nur 17 Minuten fast vollständig zerstört (Modell der zerstörten Stadt im Mainfränkischen Museum). Das wieder aufgebaute Würzburg ist voller Leben und Aktivitäten, ein Ort vielfältiger kultureller Angebote, kulinarischer Weinproben und heiterer Feste mit fast unzähligen Sehenswürdigkeiten.

BESICHTIGUNGEN

Alter Kranen

Ein Industriedenkmal, 1767–73 von Franz Ignaz Neumann, dem Sohn Balthasar Neumanns, erbaut. *Mainkai*

Alte Mainbrücke

Das spätgotische Brückenbauwerk, ursprünglich von 1133, wurde im 18. Jh. mit zwölf überlebensgroßen Statuen geschmückt. Im Süden: die Heiligen Bruno, Burkard, Kolonat, die Jungfrau Maria, Kilian und Totnan, im Norden: Karl der Große, Carl Borromäus, Nepomuk, Joseph mit dem Jesusknaben, Friedrich und Pippin d. J.

Bürgerspital zum Heiligen Geist

Eine Bürgerstiftung von 1319, mit gotischer Kirche und schönem Arkadenbau des 18. Jhs. im Hof. Auch heute Altenheim für gebürtige Würzburger. Hochberühmtes Weingut, mit Restaurant, Weinstube und Kellerführungen. *Theaterstr. 19, Tel. 0931/350 30*

Dom St. Kilian

Die viertgrößte romanische Kirche Deutschlands. Nach Einsturz des Langhauses 1946 begann eine umstrittene Restaurierung, die romanische, barocke und moderne Formen zusammenführt. Sehr sehenswert: Balthasar Neumanns Schönborn-Kapelle *(wegen Eintritt beim Küster fragen!)*, die Kanzel und die großen Bischofsgrabmale von Tilman Riemenschneider. *Kiliansplatz*

Festung Marienberg

Bis sie sich von Balthasar Neumann ihre neue Residenz bauen ließen, residierten die Fürstbischöfe auf der prächtig über der Stadt gelegenen Burg (1253 bis 1719). Sehenswert: das Scherenbergtor von 1482 mit dem Kiliansturm, die unter Fürstbischof Julius Echter erbaute Echter-Bastei von 1600 und die großen Basteien der Schönborn-Bischöfe, im innersten Hof die Marienkapelle, der 102 m tiefe kreisrunde Zisternenschacht mit dem zierlichen achteckigen Brunnenhaus, der gotische Bergfried (und Verlies), schließlich der Fürstengarten mit großartigem Ausblick. Die Innenräume erlebt man beim Rundgang durch die Museen. Im Bauernkrieg wurde Tilman Riemenschneider im Sonnenturm (Randersackerer Turm) unter Folter verhört.

Grafeneckart/Rathaus
Nahe der Alten Mainbrücke entstand um den romanischen Geschlechterturm Grafeneckart seit 1316 der Rathauskomplex mit dem Wenzelsaal und dem Ratskeller, später wurden der Rote Bau und das Karmelitenkloster einbezogen. *Markt*

Haus zum Falken
1751/52 wurde der stattliche Renaissancebau mit einer Stuckfassade geschmückt – seither das schönste Haus der Stadt. *Markt*

Hofkirche
Barockarchitektur in festlicher Vollendung, ein Hauptwerk Balthasar Neumanns, bei dem Tiepolo als Freskenmaler, der Stukkator Antonio Bossi und der Bildhauer Johann Wolfgang von Auvera (1727–32) kongenial mitwirkten. *April–Okt. Di–So 9–12 und 13–17, Nov.–März Di–So 10 bis 12 und 13–16 Uhr, Residenzplatz*

Juliusspital
Die karitative Stiftung des Fürstbischofs Julius Echter von 1576 mit dem Fürstenbau (um 1700) und der Rokokoapotheke ist weiterhin, vor allem in den modernen Erweiterungsbauten, tätig. Weinstube und Weinkeller. *Koellikerstraße, Tel. 0931/393 14 00*

Käppele
Über dem linken Mainufer in schönster Lage: Wallfahrtskirche, von Balthasar Neumann 1747 bis 1750 erbaut, mit zwei schlanken Zwiebeltürmen neben der beherrschenden Kuppel. Im Mirakelgang viele Votivgaben, Kreuzweg mit lebensgroßen Figurengruppen in 14 Kapellen.

Lusamgarten
Ehemaliger Kreuzgang der Neumünsterkirche, wo die Stiftsherren begraben wurden und einer Überlieferung nach auch der Minnesänger Walther von der Vogelweide. *Zugang nördlich vom Chor der Neumünsterkirche*

Marienkapelle
Historisch und künstlerisch eine der wichtigsten Kirchen Würzburgs, von der Bürgerschaft im hochgotischen Stil 1393–1480 erbaut. Schöne Bildhauerarbeiten in den drei Portalen, über dem nördlichen eine originelle Auslegung der Unbefleckten Empfängnis: Das Christuskind rutscht durch einen Schlauch vom Mund Gottvaters in Marias Ohr. Wie auch einige Skulpturen der Strebpfeiler sind die Adam- und Eva-Figuren am Marktportal Kopien, die Originale Riemenschneiders befinden sich im Mainfränkischen Museum und im Dom. *Am Markt*

Der sommerliche Hofgarten der Würzburger Residenz

Neumünster
Unter mächtigem Kuppelturm eine ursprünglich romanische Basilika, die über der Krypta mit den Gräbern des hl. Kilian und seiner Gefährten errichtet wurde. Riemenschneider-Madonna und eindrucksstarkes Kruzifix aus dem 14. Jh. *Schönbornstraße*

Pleich
Die Pleich ist ein kleines altes Stadtviertel mit stillen Höfen und schmalen Durchgängen, das von Krieg und Abriß bewahrt blieb und jetzt restauriert wird. *Südlich vom Congress-Centrum*

Residenz
An anderen Schlössern hat man Jahrhunderte gebaut, dieses entstand in zwei Jahrzehnten, zwischen 1720 und 1744 – dank des Baueifers der Würzburger Fürstbischöfe, voran Johann Philipp Franz von Schönborn, und dank der organisatorischen Begabung, über die Hofbaumeister Balthasar Neumann auch verfügte – neben seiner künstlerischen. Großartiges Treppenhaus mit freitragendem Gewölbe und dem 32 x 19 m großen Deckenfresko von Giovanni Battista Tiepolo, in prunkendem Barock auch Gartensaal, Weißer Saal und Kaisersaal, Kaiserzimmer mit dem Grünlackierten Kabinett und dem Spiegelkabinett. 1945 war die Residenz ausgebrannt, der junge US-Offizier John D. Skilton rettete Tiepolos Fresko vor der Zerstörung. *April–Okt. Di–So 9–17, Nov.–März Di–So 10–16 Uhr. Der Hofgarten hinter der Residenz ist tgl. bis Einbruch der Dunkelheit geöffnet.*

MUSEEN

Fürstenbau-Museum
Das Museum zeigt die Wohnwelt der Fürstbischöfe sowie hochinteressante Stadtmodelle. *April–Sept. Di–So 10–17, Okt. bis März 10–16 Uhr, Festung Marienberg*

Mainfränkisches Museum
★ Große Riemenschneider-Sammlung, fränkische Kultur, Weinkultur. *April–Okt. Di–So 10 bis 17, Nov.–März Di–So 10 bis 16 Uhr, Festung Marienberg*

Martin-von-Wagner-Museum
Nach dem erfolgreichen Kunstagenten König Ludwigs I. benannt. Drittgrößte Sammlung antiker Vasen! *Antikensammlung: Di–Sa 14–17, So 9.30–12.30 Uhr, Gemäldegalerie Di–Sa 9.30 bis 12.30 Uhr, Graphische Sammlung Di und Do 16–18 Uhr, Residenz, Tor A, Eintritt frei*

Röntgen-Gedächtnisstätte
Wilhelm Conrad Röntgen entdeckte im Jahre 1895 in Würzburg die später nach ihm benannten Strahlen. *Mo–Do 9–16, Fr 9–15 Uhr, Röntgenring 8, Eintritt frei*

Siebold-Museum
1995 eröffnet, ein Muß für Japanfreunde. Philipp Franz von Siebold reiste und sammelte 1859–62. *Di–So 15–17 und nach Vereinbarung, Tel. 0931/41 35 41, Frankfurter Str. 87*

Städtische Galerie
Deutsche Kunst des 19. und 20. Jhs. wird hier ausgestellt. *Di–Fr 10–17, Sa–So 10–13 Uhr, Hofstr. 3, Eintritt frei*

RESTAURANTS/CAFÉS

Backöfele
Weinstube mit eigenem Weinberg, eigener Jagd und eigener Schlachterei, sehr kommunikativ. *Mo–Fr 11.30–14 und ab 17.30, Sa–So 11.30–24 Uhr, Ursulinergasse 2, Tel. 0931/590 59, Kategorie 2*

Bürgerspital zum Heiligen Geist
Weine aus eigenem Anbau, fränkische Spezialitäten. *Tgl. 9 bis 24 Uhr, Theaterstr. 19, Tel. 0931/ 35 28 80, Kategorie 2*

Café Michel
Treffpunkt neben dem Haus zum Falken. *Mo–Sa 8–18 Uhr, Oberer Markt*

Juliusspital-Weinstuben
Das Juliusspital-Weingut besitzt einige der besten fränkischen Lagen. *Do–Di 10–24 Uhr, Juliuspromenade 19, Tel. 0931/ 540 80, Kategorie 2*

Maulaffenbäck
Gebäckspezialitäten, gemütlich. *Mo–Sa 10–24 Uhr, Maulhardgasse 9, Tel. 0931/523 51, Kategorie 3*

Mosquito
Insiderlokal der Jugendszene, sehr gute mexikanische Küche. *Mo–Sa 18–1 Uhr, Karmelitenstr. 12, Tel. 0931/510 22, Kategorie 2*

Nikolaushof
★ In schönster Lage, direkt beim Käppele, mehrere Restaurants von der Gartenwirtschaft bis zum Gourmetsaal. *Tgl. 12–24 Uhr, Johannesweg, Tel. 0931/79 75 00, Kategorie 1–3*

Residenz-Gaststätten
Im ehemaligen Gesandtenbau der Residenz. *Di–So 10–24 Uhr, Mo 10–18 Uhr, Residenzplatz 1, Tel. 0931/ 546 70, Kategorie 1–2*

Schiffbäuerin
Preisgünstiges Fischspezialitätenlokal. *Di–Sa 11.30–14, 17.30 bis 21.30 Uhr, So 13.30–15 Uhr, Katzengasse 7, Tel. 0931/424 87, Kategorie 1–3*

Stachel
Würzburgs älteste Traditionsweinstube mit schönem, kleinem Garten. *Mo–Sa 16–1 Uhr, Gressengasse 1, Tel. 0931/527 70, Kategorie 1–2*

EINKAUFEN

Frankenwein im Bocksbeutel – bei den drei großen Traditionsweingütern *Bürgerspital (Theaterstr. 19), Juliusspital (Klinikstr. 5)* und *Staatlicher Hofkeller (Residenzplatz 3)* oder beim *Haus des Frankenweins (Kranenkai 1)*. Trachten finden Sie bei *Frankonia Jagd (Randersackerer*

Str. 5) und beim *Bayern Shop Felix Kehl (Gerberstr. 1).* Geschmackvoll und erstaunlich preiswert: Geschenke und Wohnaccessoires im *Eckhaus (direkt am Rathaus).* Schmuck, Silber und englische Möbel bei *Antiquitäten Ebinger (Karmelitenstr. 19).* Würzburg ist eine ideale Stadt für Antiquitätenliebhaber.

HOTELS

Fischzucht
4 km südlich von Würzburg-Centrum, nahe der Autobahnabfahrt Heidingsfeld. *36 Zi., Julius-Echter-Str. 15, Tel. 0931/61 98 70, Fax 61 32 66, Kategorie 3*

Jugendgästehaus Würzburg
Am Fuß der Feste Marienberg gelegen, meist 4- und 6-Bett-Zimmer. *254 Betten, Burkarderstr. 44, Tel. 0931/425 90, Fax 41 68 62, Übernachtung ca. 29 bis 34 Mark, Altersgrenze 26 Jahre, DJH-Ausweis nötig*

Rebstock
Komfortables Traditionshaus, Familienbetrieb der Best-Western-Kette. Im Laura-Ashley-Stil frisch renoviert. *72 Zi., Neubaustr. 7, Tel. 0931/309 30, Fax 309 31 00, Kategorie 1*

Zur Stadt Mainz
Traditionshaus mit altfränkischem Restaurant. *15 Zi., Semmelstr. 39, Tel. 0931/531 55, Fax 585 10, Kategorie 2*

Wittelsbacher Höh
Ruhig, mit weiter Aussicht 2 km außerhalb, Sauna, delikates Frühstücksbuffet. *74 Zi., Hexenbruchweg 10, Tel. 0931/420 85, Fax 41 54 58, Kategorie 1–2*

SPIEL UND SPORT

Zum Baden ins Erlebnisbad *Nautiland (Luitpoldstraße)* oder ins *Wolfgang-Adami-Bad* mit 50-m-Becken *(Oberer Bogenweg 1).* Im Winter gibt's beim Nautiland eine Eislaufbahn, im Sommer die Grill- und Spielwiesen an der Frankenwarte *(Nikolausberg).* Fahrradverleih: *Fahrradstation, Hauptbahnhof, Tel. 0931/574 45, Fax 574 65*

AM ABEND

Omnibus ist seit Jahrzehnten als Musik- und Jazz-Kneipe empfehlenswert *(Theaterstr. 10, Tel. 0931/561 21).* Die Kneipenszene konzentriert sich in der Sanderstraße, eine urgemütliche, etwas teure Weinstube ist dort *Till Eulenspiegel (tgl. 18–24 Uhr, Sanderstr. 1a, Tel. 0931/355 84 18, auch Nichtraucherhotel).* Dezent unterhaltsam: *Meyers Pianobar (tgl. 20–1 Uhr, Valentin-Becker-Str. 2).* Die Studentenszene trifft sich im *Chambinzky (19–1 Uhr, Valentin-Becker-Str. 2).* Zum Flirten trifft man sich im *Nachtwächter (Korngasse 16).* Würzburgs größter Biergarten ist der *Hofbräukeller (Höchbergerstr. 28).* Einen Biergarten unter alten Kastanien und eine Disko gibt es im *Zauberberg (Veitshöchheimer Str. 20).* Außer dem *Stadttheater (Theaterstraße, Tel. 0931/390 81 24)* spielen das *Theater im Chambinzky (Tel. 0931/512 62)* und die *Werkstattbühne e.V. (Rüdigerstr. 4, Tel. 0931/594 00).*

AUSKUNFT

Congress & Tourismus Zentrale
Am Congress-Centrum, 97070 Würzburg, Tel. 0931/37 23 35, Fax 37 36 52

Tourist Information
Im Pavillon vor dem Hauptbahnhof (Mo–Sa 10–18 Uhr, Tel. 0931/ 37 24 36) und im Haus zum Falken am Markt (Mo–Fr 10–18 Uhr), Tel. 0931/37 23 98

Schiffsfahrten
Schiffstouristik Kurth & Schiebe, Alter Kranen (Roter Kiosk), Tel. 0931/ 585 73, Fax 513 13

ZIELE IN DER UMGEBUNG

Castell **(109/D 6)**
Steil hinauf geht es in den Weinort (800 Ew.), dessen Schloß aus dem 17. Jh. Residenz der Fürsten Castell-Castell ist. Auf dem Castell-Weingut – dem größten in Franken – probiert man im alten *Weinstall. Fr–Mi 11.30–21 Uhr, Schloßplatz 3, Tel. 09325/463, Kategorie 1–2*

Dettelbach **(108/C 6)**
Altfränkisch idyllisch liegt Dettelbach (6500 Ew.) im Ring der 36 Wehrtürme mit verwinkelten Gassen, dem spätgotischen Rathaus und der *Wallfahrtskirche Maria im Sand.* Interessant der freistehende Gnadenaltar, an dessen vier Seiten vier Priester gleichzeitig die Messe zelebrieren können. Gemütlich ist das Gasthaus *Zum Grünen Baum,* wo in der Wirtsstube große Portionen fränkischer Küche serviert werden. *18 Zi., Falterstr. 2, Tel. 09324/14 93, Fax 37 34, Kategorie 2*

Frickenhausen **(112/C 1)**
Der kleine Winzerort (1200 Ew.) wurde vom bayerischen Kultusministerium zum denkmalpflegerischen Modell ausersehen und restauriert. Schöne Mariensäule, in den Weinbergen die Valentinuskapelle von 1699, Wanderwege den Main entlang und die Rebhänge hinauf, dazu *Ehrbars Fränkische Weinstube (Hauptstr. 19, Tel. 09331/651, Kategorie 1–2),* eine renommierte Feinschmeckeradresse. Aus eigenem Weingut wird in der Weinstube Zur Weinkönigin kredenzt. *Tgl. 11.30–14 und 17.30–21.45 Uhr, Hauptstr. 89, Tel. 09331/26 30, Kategorie 2*

Gemünden **(108/A 4)**
Die Drei-Flüsse-Stadt (12 000 Ew.) an der Mündung von Sinn und Saale in den Main liegt malerisch zwischen Fluß und Berg. Eine Ringmauer verbindet die Ruine Scherenberg mit der Altstadt. Schiffsausflüge, Radwege den Main entlang, Baden im Freien und im Ozonhallenbad stehen zur Wahl. Eines der ältesten Gasthäuser heißt *Zum Koppen* und kann sich rühmen, auch von Joachim Ringelnatz gelobt worden zu sein. *Tgl. 11.30–14 und 17.30–22 Uhr, Obertorstr. 22, Tel. 09351/33 12, Kategorie 2*

Gerolzhofen **(109/D 5)**
Die kleine Weinstadt (7000 Ew.) am Rande des Steigerwalds zeigt im *Museum Altes Rathaus* das erste bayerische Schulmuseum, mit einer originalen Klassenzimmer-Einrichtung um 1900. *Öffnungszeiten Tel. 09382/607 34, Marktplatz 20*

Iphofen **(106/C 6)**
Die Würzburger Fürstbischöfe hatten hier ihre Amtskellerei: das heutige Restaurant Zehntkeller. Sie wußten die Lagen Iphöfer Burgweg und Domherr, Julius-Echter-Berg und Iphöfer Kalb zu schätzen, die bis heute Spitzen-

Das Rödelseer Tor in Iphofen ist Teil der guterhaltenen Stadtbefestigung

weine hervorbringen. Iphofen (4500 Ew.) am Fuß des Schwanberges gehört zu den sehr alten befestigten fränkischen Städten (schon 741 genannt). Marktplatz, Rödelseer Tor, die St.-Veit-Kirche mit schönen Glasgemälden (15. Jh.) im Chor und das barocke Rathaus lohnen den Besuch.

In und bei Iphofen gibt es zwei interessante Museen: das *Knauf-Museum* der Westdeutschen Gipswerke zeigt Skulpturen der Hethiter und Ägypter, Griechen und Römer, aus Mittelamerika und aus Indien – in Gipsabgüssen *(April bis Okt. Di–So 14–18, Di und Do auch 10–12 Uhr, Maxstraße)*. Im nahen Mönchsondheim gibt das *Fränkische Bauern- und Handwerkermuseum* Einblicke in vorindustrielle Arbeits- und Lebensweisen *(Mitte März–Mitte Dez., Di–Sa 13.30–18, So 11–18 Uhr)*.

Das *Weingut Hans Wirsching (Ludwigstr. 16, Tel. 09323/90 33)* gibt es schon seit 1630. Bei Heinrich Seufert im ★ *Zehntkeller* – mit historischem Weingut – wird man kulinarisch verwöhnt und kann danach an Ort und Stelle bequem nächtigen. *50 Zi., Bahnhofstr. 12, Tel. 09323/84 40, Fax 84 41 23, Kategorie 1–2*

Karlstadt **(108/A 4–5)**
Nördlich von Veitshöchheim, wo die Landschaft immer stiller wird, liegt am rechten Mainufer gegenüber der Weingartnerhöhe die kleine Stadt (15 000 Ew.), die sich durch ihre Stadtmauer in Rechteckgestalt, das Schachbrettraster der Straßenzüge und den quadratischen Marktplatz auffällig von dem mittelalterlich verwinkelten Bild anderer fränkischer Städte unterscheidet. Sehenswert sind das Rathaus mit seinem Staffelgiebel und der Ratsstube mit mächtigen Renaissanceschränken, die Pfarrkirche St. Andreas mit einer großen Sandsteinfigur des Christus Salvator und das *Museum* mit einer stadtgeschichtlichen Sammlung. *Mai–Okt. Mi 16–18, Sa 15 bis 17.30 Uhr, So 10–12 und jeden 1. So im Monat 14–16 Uhr, Hauptstr. 11*

Ochsenfurt **(112/B 1)**
Eine Bilderbuchstadt (11 000 Ew.) am Main, im alten Stadtkern voller Fachwerkfassaden, mit dem dreigeschossigen Rathaus und seiner berühmten Kunstuhr als Blickpunkt. In der Stadtpfarrkirche St. Andreas an der Südseite der Hauptstraße schönes Chorgestühl des 14. Jhs., ein St. Nikolaus von Riemenschneider und ein Taufbecken aus der Vischer-Werkstatt. Im *Bären* oder beim *Schmied* ißt und schläft man gut; vor den Toren auch im *Wald- und Sporthotel Polisina, 93 Zi.,* mit Tennisplätzen, Solarium und noblem Restaurant. *12–14 und 18–22 Uhr, Marktbreiter Str. 265, Tel. 09331/84 40, Fax 76 03, Kategorie 1–2*

Prichsenstadt **(109/D 5–6)**
Malerisches Ortsbild am Westrand des Ebracher Forstes und des Steigerwalds, reich an Fachwerkschmuck und Erkern, fast ein kleines Rothenburg. Schöne alte Gasthöfe, darunter – wirklich in der ehemaligen Dorfschmiede samt erhaltener Esse – die *Alte Schmiede, 31 Zi., Di–Do 11–15 und 17.30–23 Uhr, Karlsplatz 7, Tel. 093383/29 34 und 61 05, Kategorie 1–2*

Rödelsee **(108/C 6)**
Die kleine, dörfliche Weinbaugemeinde (1500 Ew.) am Schwanberg und der wohlbekannten Lage »Küchenmeister« ist ein guter Ort zur Einkehr. Im Hof des Crailsheimer Schlosses inmitten des Dorfes wird Anfang Juli das Weinfest gefeiert. Abseits in den Feldern liegt einer der letzten fränkischen Judenfriedhöfe, mit Hunderten von grün umwucherten Grabsteinen in einem Mauergeviert.

Sommerhausen **(108/B 6)**
Mit Stadtmauer und Schloß, inmitten von Rebhängen und Obstgärten am Main gelegen, wurde Sommerhausen (1500 Ew.) weithin bekannt durch das *Torturmtheater,* das Luigi Malipiero als Deutschlands kleinstes Theater gründete und das seit 1975 von Veit Relin geleitet wird. Gleich nebenan hat sich auch die Kleinkunstbühne *Bockshorn* einen Namen gemacht. Es gibt Schloßfestspiele, Konzerte, immer mehr Künstlerateliers und Boutiquen. An Sommerwochenenden drängt man sich auf dem Kopfsteinpflaster – ruhiger ist's auf dem anderen Mainufer in Winterhausen. Unter den fränkisch-gemütlichen Gasthäusern ist das *Weinhaus Düll* eines der ältesten. *Di–So 12–14 und 17.30 bis 22.30, So bis 20 Uhr, Tel. 099333/*

220, Fax 82 08, Kategorie 2–3, auch Gastzimmer, Kategorie 2

Sulzfeld **(108/C 6)**
Mit seiner vollständig erhaltenen, türmereichen Stadtmauer (jeder Turm hat seine eigene Gestalt) ist Sulzfeld (1260 Ew.) einen Abstecher wert, nicht nur wegen der »Meterbratwurst«. Buckelpflaster, barockes Rathaus und die Pfarrkirche hoch über den kleinen Häusern vermitteln anschaulich das Ambiente der sogenannten guten alten Zeit. Zur Einkehr zu empfehlen: Gasthaus *Zum Stern, Mi–Mo 11.30–14 und 17 bis 22 Uhr, Pointgasse 5, 97320 Sulzfeld, Tel. 09321/133 50, Kategorie 2*

Veitshöchheim **(108/B 5)**
Das Städtchen (10 000 Ew.) am Main ist berühmt wegen ★ des schönsten Rokokoparks in ganz Europa. Dreifach gegliedert in den »Großen See«, in Hecken- und Laubengänge und in ein Waldareal mit Belvedere und Grottenhaus, führt der fürstliche Lustgarten Natur und Kunst, Architektur und Plastik harmonisch zusammen. Vor allem die Sandsteinfiguren des Ferdinand Tietz tragen zum Zauber bei. Im ehemaligen Jagdschloß (erbaut 1680/82, erweitert 1748–53 von Balthasar Neumann), zeigt ein *Museum,* wie die Fürstbischöfe lebten. *April–Sept. Di–So 9–12 und 13–17 Uhr. Auskunft: Touristik GmbH im Nürnberger Land, Erwin-Vornberger-Platz, Tel. 0931/980 27 40, Fax 980 27 42*

Volkach **(108/C 5)**
Um die Volkacher Mainschleife wachsen beste Frankenweine. Volkach (9500 Ew.) selbst ist sehenswert, mit schönem Rathaus von 1544, der gotischen Stadtpfarrkirche St. Bartholomäus und einer an Architekturschätzen reichen Altstadt. In der Nachbarschaft liegen die Vogelsburg mit großem Rundblick von dem gleichnamigen Ausflugslokal, und die Wallfahrtskirche Maria im Weingarten, für die Tilman Riemenschneider die Madonna im Rosenkranz schuf. Attraktives Ausflugslokal ist *Schloß Hallburg,* mit Jazz-Frühschoppen im Sommer. Mit guter fränkischer Tradition empfehlen sich Hotel und Restaurant *Zur Schwane (21 Zi., Hauptstr. 12, Tel. 09381/806 60, Fax 80 66 66, Mo geschl., Kategorie 1).*

Wertheim **(107/E 5)**
Linksmainisch an der Taubermündung liegt die Altstadt (22 000 Ew.) malerisch unter der – in Teilen restaurierten – Burgruine der Grafen von Wertheim. Zu den schönsten Fachwerkbauten zählen das Haus »Zu den vier Gekrönten« mit den Bildnissen von vier christlichen Märtyrern und das Zobelhaus am Markt, wohl Frankens schmalstes Fachwerkhaus. Sehenswert sind auch die Stadtkirche mit prunkvollen Grabmalen, das *Historische Museum* im ehemaligen Stadthof des Bronnbacher Klosters *(Di–Fr 10–12 und 14–16 Uhr, Sa–So 14 bis 16 Uhr, Mühlenstr. 26)* und vor allem das benachbarte *Glasmuseum (Di–So 10–12 und 14–16 Uhr, Mühlenstr. 24).* Gourmets steuern Wertheim wegen Adalbert Schmitts *Schweizer Stuben* an *(Mo, Mi–Sa 19–24, So 12.30–24 Uhr, Geiselbrunnweg 11, 97877 Bettingen, Tel. 09342/30 70, Fax 30 71 55, Kat. 1),* auch Hotel (33 Zi. und Suiten).

Alte Städte, Burgen und Schlösser

Die hier beschriebenen Routen sind in der Übersichtskarte im vorderen Umschlag und im Reiseatlas ab Seite 106 grün markiert

① FRÄNKISCHE HIGHLIGHTS FÜRSTLICHE STÄDTE UND NATURPARKS

Nach dem Start von Rothenburg geht's durch die liebliche Landschaft um Tauber- und Wörnitztal und über Feuchtwangen zur einstigen Residenzstadt Ansbach, weiter ostwärts über den Rhein-Donau-Kanal nach Nürnberg und in einem nordwestlichen Bogen über Bad Windsheim zurück nach Rothenburg. Die Gesamtstrecke beträgt ca. 200 km. Je nachdem, welche Orte und wie intensiv man Nürnberg kennenlernen will, wird man 2–4 Tage brauchen, mit Übernachtung z. B. in Ansbach und Nürnberg.

Viele touristische Straßen sind in Franken ausgeschildert. Die hier vorgeschlagene Rundfahrt führt zu Highlights von gleich zwei der beliebtesten deutschen Ferienstraßen, der Romantischen Straße und der Deutschen Burgenstraße. Einige der berühmtesten (Alt-)Städte Frankens liegen am Wege, vom ländlich-kleinen Feuchtwangen bis zur Großstadt Nürnberg.

Eine halbe Autostunde westlich von Frankens Kunst- und Industriemetropole erstreckt sich weiträumig und dünnbesiedelt bis zur Tauber und zur Grenze mit Baden-Württemberg hin der 1100 qkm große, waldreiche *Naturpark Frankenhöhe (S. 41).* Auf unserer Route wird der Naturpark im Westen und Norden durchfahren.

Schon ein Dutzend Kilometer südlich von Rothenburg liegt nah der Straße beim Ort Gailnau eines der bemerkenswerten Naturdenkmale des Naturparks: der *Gailnauer Berg,* der an einem Erdrutsch die geologischen Schichten dieser Landschaft erkennen läßt, auch den feinkörnigen Schilfsandstein, der seinen Namen nach den Schachtelhalmversteinerungen bekam – irrtümlich hielt man die für Schilfhalme (über Wettringen, Wanderparkplatz am Wald, mit Rückweg etwa 3,5 km).

Prächtig liegt ein Stück über einem Tauber-Seitental nördlich der Wörnitzquelle *Schloß Schillingsfürst (S. 46)* auf seiner Höhe, mit täglichen Flugvorführungen des Jagdfalkenhofs. Wunderschön ist die idyllische Landschaft um den wiesengesäumten Oberlauf der Wörnitz zu erleben. Statt ihr aber bis nach Dinkelsbühl zu folgen, wendet sich die Route nach *Feuchtwangen (S. 45)* am Flüßchen Sulzach, wo das *Fränkische Museum* mit seinen alten Wohnstuben auch für Kinder reizvoll ist.

Kleine Straßen führen nordöstlich nach *Ansbach (S. 38),* wo Mittelfrankens Regierung ihren Sitz hat. Mindestens Ansbachs Hofgarten mit dem Gedenkstein für den immer noch umrätselten Kaspar Hauser und das blühende Ansbacher Rokoko, der Markgräflichen Residenz sollten Sie sich ansehen.

Weil auch das nahe *Heilsbronn (S. 41),* das nächste Ziel, Jahrhunderte die Grablege hohenzollernscher Markgrafen und Kurfürsten war, wurde die einst schlichte romanische Zisterzienserkirche Heilsbronns mit einem Seitenschiff erweitert, samt herrlichen Spitzbogengewölben.

Statt direkt über die B 14 nach Nürnberg hineinzufahren, bietet sich noch ein reizvoller Abstecher nach *Schwabach (S. 35)* an. An den lichten Marktplatz, den musterhaft restaurierten Ortskern mit seinen Bürgerbauten, Kirchen und Brunnen und an die behäbig-gemütlichen Gasthäuser wird man sich im großstädtischen *Nürnberg (S. 27)* gern erinnern.

Wieder in Westrichtung durch Fürth unterwegs, bietet sich die Gelegenheit, ein Vorurteil zu korrigieren. Denn obwohl *Fürth* als Industriestadt und historisch vor allem als Endpunkt der ersten deutschen Eisenbahn (1835) bekannt ist, hat es auch eine Altstadt samt fränkischer Wirtshausszene und westlich der Stadt das *Schloß Burgfarnbach,* in dem das Stadtmuseum so originelle vorindustrielle Verfahren wie die Herstellung von Spiegeln und Blattgold zeigt.

Die Rückfahrt von Fürth nach Rothenburg ist ganz ländlich auf Feld und Wald gestimmt. Einige hervorragende Architekturkleinode aber bietet die Strecke auch: zuerst die restaurierte *Cadolzburg (S. 34),* die einstige Hohenzollernresidenz über dem Städtchen gleichen Namens, dann den gotischen Kreuzgang der Stiftskirche von Langenzenn und in Wilhermsdorf die Renaissancegiebel reicher Bürgerhäuser.

Wenn Kinder mit auf der Reise sind, kann man ihnen noch zwei Museen der kinderfreundlichen Art zeigen: das *Rangau-Handwerker-Museum* in *Markt Erlbach* und vor allem in *Bad Windsheim (S. 41)* das *Fränkische Freilandmuseum* mit originalen Bauernhäusern aus alter Zeit.

Noch immer nicht müde vom Sehen? *Burgbernheim* nordöstlich von Rothenburg mit seinen buntbemalten Fachwerkhäusern und das malerische *Uffenheim* liegen am Wege oder fast am Wege.

② INS WEINLAND UM WÜRZBURG

Von Würzburg folgt die Route dem Main bis Sulzfeld, wendet sich ostwärts nach Iphofen zum Steigerwald und nordwärts zur Mainschleife bei Volkach. Von dort geht es über Weingarten und Dettelbach nach Würzburg zurück. Insgesamt etwa 100–200 km, eine Strecke für eine angenehme Tagestour also – doch Ort um Ort lockt vieles am Weg, man kann auch eine Woche unterwegs sein.

Zur köstlichen Weinprobe von Weingut zu Weingut darf diese Tour geraten, wenn einer an

Bord die Rolle des abstinenten Fahrers übernimmt. Sie folgt streckenweise den Routen der Bocksbeutelstraße, die mit mehreren Straßenästen die Weinlande um Würzburg erschließt. Weil aber europäische und zumal fränkische Weinlandschaften immer kulturell attraktiv sind, ist diese Tour auch mit null Promille erlebnisreich. Nicht so sehr den Sammlern großer Sehenswürdigkeiten, sondern den Genußfahrern, die Freude an behaglichen Wirtshäusern und Weingütern und am Mittelalter-Ambiente der Stadtmauern, Tore und Türme haben. Erstaunlich viele sind im Fränkischen erhalten. Nach dem Start in Würzburg führt die Route im Mainfränkischen von einem Juwel zum anderen: *Sommerhausen* und *Winterhausen (S. 87)* liegen am Main einander gegenüber, über *Ochsenfurt (S. 87), Frickenhausen (S. 85), Marktbreit, Sulzfeld (S. 88)* und *Mainbernheim* geht es nach *Iphofen (S. 85),* wo im »Zehntkeller« schon Kurt Tucholsky mit seinen Freunden becherte. Bei *Rödelsee (S. 87)* zu Füßen der Laubwälder des Schwanbergs haben die Grabsteine eines alten jüdischen Friedhofs die Verfolgung überdauert. Ein Abstecher führt mit steilem Anstieg zum Schloß und Ort *Castell (S. 85)* hinauf, die Weinproben des Castell-Weinguts – des größten in Franken – sind ein Hochgenuß! Um sein prächtiges Rathaus von 1544 breitet sich der Weinort *Volkach (S. 88)* aus. Auf jeden Fall ist das Wallfahrtskirchlein *Maria im Weingarten (S. 93)* südlich der Vogelsburg über dem rechten Mainufer den Besuch wert, wegen Riemenschneiders »Madonna im Rosenkranz«, einem seiner schönsten Schnitzwerke. Auch auf dieser Tour, die über Dettelbach zurück nach Würzbach führt, gilt wieder: Lassen Sie sich Zeit für die schmaleren, kleineren Straßen, wenn Sie die Wahl haben. Und unterbrechen Sie nicht nur in den Orten die Fahrt, sondern auch in der Landschaft. Immer wieder trifft man am ruhig strömenden Main noch auf stille Altwasser. Man kann in die Rebhänge hinaufsteigen und wird am Wege Bildsstöcke finden. Wer sich für Weinbau interessiert, erkundigt sich in *Randersacker* nach dem *Altfränkischen Museumsweinberg.* Den hat der Architekt und Winzer Herbert Haas hoch über dem Main angelegt, mit wurzelechten Reben und naturnaher Bewirtschaftung, eine biologische Schatzkammer, in der unter den Reben ein frühlingsbunte Weinbergsflora lebt, von der Färberkamille bis zum Wiesenbockbart.

③ LANDSCHAFTSSTILLE IN DEN HASSBERGEN

Von Bamberg geht es nordwestlich auf das Weinstädtchen Eltmann zu und weiter den Main entlang bis Haßfurt, von dort nordwärts auf kleinen Straßen nach Königsberg und Hofheim. In einem weiten Bogen führt die Rundfahrt über Bad Königshofen ins Baunatal und nach Bamberg zurück. Gesamtstrecke je nach gewählter Straße etwa 160–190 km, gut für eine geruhsame Tagestour.

Außer Bamberg, dem Anfangs- und Endpunkt der Rundfahrt, trifft man nur auf kleine Städtchen oder Dörfer. Die größeren Städte, Coburg und

Schweinfurt, liegen abseits, ebenso mainaufwärts die Barockwunder der beiden Klöster Banz und Vierzehnheiligen. Im Naturpark Haßberge ist eine der ruhigsten Urlaubslandschaften Deutschlands kennenzulernen.

Für die Fahrt von Bamberg den Main entlang können Sie entweder die Bundesstraße 26 oder schmalere Straßen wählen; sehr reizvoll sind jene, die westlich von *Eltmann* dem linken Flußufer folgen. Weinfreunde werden sich für die östlichsten Rebhänge Frankens interessieren, die zur Großlage Kapellenberg bei Ziegelanger zwischen Eltmann und Haßfurt gehören. Ein Zweig der Bocksbeutelstraße reicht bis hierher. Schon zur Ritterzeit, im 13. Jh., gründeten die Würzburger Fürstbischöfe *Haßburg*. Kostbare Kunstschätze sind eine lebensgroße Riemenschneider-Holzstatue der hl. Johannes in der *Pfarrkirche St. Kilian* und die einzigartige *Ritterkapelle St. Maria* mit ihrem Rundbogenfries von 248 Wappenschildern, Zeugnis einer reichen Adelskultur. Ihren Spuren begegnet man im Rahmen dieser Rundfahrt auf dem zum Burgenbau so gut geeigneten Höhen der Haßberge immer wieder. Fast 50 Burganlagen sind es im *Naturpark Haßberge (S. 79)* insgesamt.

Schmaler werden die Straßen im grünen Hügel- und Felderland nördlich vom Main. Stille Dörfer und so schöne alte Städtchen wie *Königsberg (S. 78)* und *Hofheim (S. 79)* zeigen ihren Fachwerkschmuck her. Der Aussichtsturm bei der Schloßruine oberhalb von Königsberg, der Ellertshäuser See (Abzweigung westlich von Lendershausen) lohnen Abstecher, man kann baden, rudern, segeln oder angeln.

Weiter geht es über die kleinen Orte *Stadtlauringen, Sulzfeld, Saal an der Saale* – will man sich in allen umsehen, hier ein Schloß, da einen schönen Brunnen, dort eine Madonna bewundern, wird ein Tag zu kurz werden.

Die Straße längs der Fränkischen Milz ist so klein, daß man sie auf der Karte fast mit der Lupe suchen muß. Sie führt zum nordöstlichsten Punkt des Tages, dem *Wasserschloß Irmelshausen* mit Wehrgraben, Schloßweiher und Burghof. Die malerische Architektur des Schlosses – wie alle anderen rundum in Privatbesitz – erinnert gleich an das vielbesuchte Mespelbrunn im Spessart, doch ohne dessen Besuchergedränge. Die Besichtigung der Renaissancesäle ist mit Voranmeldung bei der Familie Bibrach möglich *(Tel. 0 97 64/4 31)*. Ein Abstecher ins Thüringische kann noch ein gutes Dutzend Kilometer nordostwärts zu den Basaltkuppen des *Großen* (678 m) und des *Kleinen Gleichberges* bei Haina führen, mit verwitterten Vulkanschloten wie in der Rhön, »Blockmeeren« und den keltischen Steinwällen auf dem Kleinen Gleichberg samt imposanter Aussicht.

Wieder südwärts trifft man bei *Bad Königshofen* auf die Bundesstraße B297. Man sollte aber nicht gleich direkt bis Bamberg durchfahren, sondern bei *Obereßfeld* nach *Zimmerau* und zum *Büchelsberg* (Fernblick) abzweigen und auch noch die stattlichen Schlösser von Sternberg sowie (nun wieder an der B 279) von Eyrichshof und Rentweinsdorf anschauen.

Wanderlust, Weinberge, Felsentäler

Von der Romantischen Straße bis zum Fichtelgebirge: fränkisch-gemütlich

WEINFRANKEN UND ROSENKRANZMADONNA

Für die 14 km lange Rundwanderung mit zwei kurzen Steigungen braucht man 3–4 Stunden reine Gehzeit – aber es gibt Schönes zu sehen, man sollte genug Zeit mitbringen. Auch für Kinder geeignet.

Den Tag inmitten von Weinfrankens Rebhängen beginnt man gut mit einem Frühstück in dem Weinort Volkach, vielleicht nach einer Nacht im Traditionshaus *Zur Schwane (Hauptstr. 12, Tel. 09381/806 60, Kategorie 1),* wo Keller und Küche vom besten sind. Zum Untertor geht's aus den heimeligen alten Mauern hinaus in die Landschaft und bald an Kreuzwegstationen entlang auf die *Wallfahrtskapelle Maria im Weingarten* mit Tilman Riemenschneiders hochberühmter »Madonna im Rosenkranz« zu. Die lebensgroße Figur aus hellem Lindenholz scheint unter dem Chorgewölbe zu schweben, eines der kostbarsten und innigsten Zeugnisse der Marienverehrung. Achtung: Zur Mittagsstunde ist die Kapelle Maria im Weingarten geschlossen *(tgl. 9–12 und 13–18 Uhr, winters bis 17 Uhr).*

Oberhalb der Straße führt der Weg Nummer 7 durch die Weinberge mit der hochgeschätzten Lage »Ratsherr« zum Dorf Fahr. Unten am Main kann man wie in alter Zeit mit einer kleinen Fähre übersetzen. Dann geht man auf eine Brauerei zu und sucht den Weg Nummer 4. Man kreuzt die Straße Würzburg–Volkach und kann rechts von ihr auf Weinbergwegen Richtung *Vogelsburg* wandern. Die ehemalige Burg ist heute ein Karmeliterinnenkloster, zu dem nicht nur eine Kirche mit Prachtportal gehört, sonder zum Wohl der Wanderer auch ein Gartenlokal mit Kastanienbäumen und großartiger Aussicht auf die Weinberge um Escherndorf. Fast ein Drittel der besten fränkischen Lagen konzentriert sich auf die Sonnenhänge im Dreieck zwischen Escherndorf, Fahr und Volkach.

Von der Vogelsburg findet man leicht den Weg in die Weinberge hinab und ostwärts über Astheim nach Volkach zurück. Beste Wanderzeit sind die Monate von Mai bis Oktober. Anders als früher, sind die Weinberge heute auch während der Lesezeit für Wanderer geöffnet. Später im Jahr sehen die Rebhänge sehr kahl aus, erst wenn Schnee fällt, gewinnen sie wieder an optischem Reiz. *Auskunft: Verkehrsamt Volkach, im Rathaus, Tel. 09381/401 12. Karte:*

Kompaß-Wanderkarte Würzburg/ Maindreieck, 1:35 000. Anfahrt: Ausfahrt Kitzingen von der Autobahn A 3 Nürnberg–Würzburg

BEI DEN PAPPENHEIMERN IM ALTMÜHLTAL

Eine Fußwanderung von 12 km Länge und rund dreistündiger Gehzeit, auch für Kinder ab etwa sieben Jahren nicht zu schwer.

Endlich einmal nachschauen, was das für Leute sind, die Pappenheimer! In Schillers »Wallenstein« sind's die Pappenheimer Kürassiere, die dem Generalissimus die Treue halten, und mit »Daran erkenn' ich meine Pappenheimer« begrüßt sie Wallenstein. Über einer Altmühlschleife steht die Ruine der Burg, drunten im Ort gleichen Namens bauten sich die Reichsgrafen von Pappenheim das Alte und das Neue Schloß. Es lohnt sich, zur Burg hinaufzusteigen, die Ausstellungen im ehemaligen Zeughaus und Eselstall anzusehen und sich Geschichten aus der Pappenheimchronik erzählen zu lassen. Etwa von jenem Pappenheimer, der im 12. Jh. zum Vizekönig von Sizilien aufstieg und unter fremdem Himmel an der Pest starb. Sein Leichnam wurde in einem Kessel gekocht, damit wenigstens die Gebeine in die alte Heimat zurückkehren konnten. Seit 1997 kann man auch die Flugvorführungen der Falknerei besuchen, die der gegenwärtige Burgherr Graf von und zu Eggloffstein einrichtete.

Die Rundwanderung durchs Pappenheimer Land fordert nur mit bescheidenen Steigungen heraus (Höhenunterschied rund 130 m), schon Siebenjährige können da mithalten. Wenn man sich auf der Burg und im Ort beim Besichtigen so lange aufgehalten hat, daß der Magen zu knurren beginnt, ist der Gasthof *Sonne* in Pappenheim eine gute Empfehlung *(Di–Sa 11–14, 18.30–22 Uhr, So nur 11–14 Uhr, Deisinger Str. 20, Tel. 09143/544, Kategorie 2),* aber auch im Dorf Göhren kann man einkehren.

Nach Göhren in Nordostrichtung aus Pappenheim ein kurzes Stück Landstraße gehen, dann rechts der Markierung 5 und bald darauf der Nummer 6 folgen. Östlich von Göhren wandert man durch Waldgrün am Zwieselberg entlang (nicht talwärts der Nummer 6 folgen, sondern geradeaus gehen!), kommt zum Mittelmarterhof und stößt gut einen halben Kilometer weiter auf die Markierung 8. Bei der zweiten Kreuzung nochmals die Nummer wechseln, links zur Markierung 9! Sie führt zum Hollerstein, einem Kalkfels mit Steilwänden über der Altmühl, und nach Zimmern.

Die letzte Etappe vor der Rückkehr nach Pappenheim: auf dem Main-Donau-Weg wieder am Hang entlang zur Schwedenschanze bzw. zu den *Drei Linden* unterhalb. Von der Schwedenschanze aus beschoß schwedische Artillerie im Dreißigjährigen Krieg die Burg der Pappenheimer. Heute dient sie als friedlicher Aussichtsplatz über dem Altmühltal. *Auskunft: Fremdenverkehrsbüro, Marktplatz 1, 91788 Pappenheim, Tel. 09143/62 66. Karte: Kompaß-Wanderkarte Mittleres Altmühltal, 1:50 000. Anfahrt: Auf der B 2 von Donauwörth oder Weißenburg*

HIGHLIGHTS DER FRÄNKISCHEN SCHWEIZ

Die Radrundtour ist gut 50 km lang und nach Belieben erweiterungsfähig. Die Straßen sind gut ausgeschildert, für lange Genußstrecken sind ein paar Steigungen in Kauf zu nehmen. Dauer: ca. 1 Tag

Ins Land der tausend Höhlen und idyllischen Wiesentäler startet die Tour von Ebermannstadt in Richtung Pretzfeld ins Kirschenland. Wer Kirschblüten liebt, tritt darum schon im Frühjahr in die Pedale. Oberhalb von Pretzfeld ist mit einem Abstecher ein Judenfriedhof zu besuchen. Die Route folgt für die nächste Stunde jedoch in gemächlichem Anstieg dem Trubachtal, im reizvollen Wechsel von Wiesen- und Waldstücken. Kleine Glanzpunkte bieten das *Wildgehege Hundshaupten* bei Unterzaunsbach (kurzer Abzweig südwärts, auch zum Schloß Hundshaupten) und die *Burg Egloffstein* (keine Besichtigung), die bilderbuchschön über dem gleichnamigen Dorf aufragt.

Bei Wolfsberg nicht Richtung Hilpoltsheim fahren, sondern links weiter nach Obertrubach, durch die romantische Felsenlandschaft des Tales, das schmaler und steiler wird. Unternehmungslustige machen noch einen Ostbogen über die B2 und Leupoldstein nach Pottenstein und zur Teufelshöhle. Wir empfehlen, von Obertrubach aus die weniger befahrene Straße durchs Gründleintal direkt nach Gößweinstein zu wählen. Die Burgruine beim Dorf Bärnfels ist ein guter Rast- und Picknickplatz.

Der Wallfahrtsort Gößweinstein auf der Höhe und der Ort Behringersmühle tief darunter in

Bilderbuchburg über Gößweinstein

der Wiesentschlucht bilden zusammen eines der beliebtesten Ferienzentren der Fränkischen Schweiz. Der Gnadenaltar in der *Wallfahrtskirche* hat die ungewöhnliche Form einer steilen Pyramide. Die mächtige Weltkugel unter dem Marienbild ist aus Sandstein; sie ist mit Lindenholz und vergoldetem Kupferblech überzogen. Im traditionsreichen *Weinhaus zur Post* mit Garten *(Balthasar-Neumann-Str. 10, Tel. 09242/278, Kategorie 2)* stärkt man sich mit vorzüglicher fränkischer Küche. Auch die um 1890 restaurierte *Burg* der Bamberger Bischöfe ist zu besichtigen, mit Verlies, Zisterne und Kemenate *(Ostern–Okt. tgl. 10–18 Uhr)*. Schöne Abfahrt ins Wiesenttal – aber achten Sie auf den Gegenverkehr!

Ein Abstecher ein kurzes Stück talaufwärts nach Tüchersfeld lohnt sich wegen des *Fränkische-Schweiz-Museums (April–Okt. Di bis So 10–17 Uhr, Nov.–März So 13.30–17 Uhr)* inmitten bizarrer Felslandschaft: Unter anderem werden Höhlenbärschädel, Handwerksstuben, schöne Mineralien und eine schlichte Synagoge im einstigen *Judenhof* gezeigt.

Die Rückfahrt durchs Wiesenttal führt noch nach Muggendorf mit der Ruine *Neideck* und nach Streitberg mit der großartigen *Binghöhle (15. März bis 10. Nov. tgl. 9–17 Uhr)*. Die Autostraße kann der Radler auf einem Großteil der Wiesentstrecke vermeiden und mit Fußwanderern die Seitenwege teilen. *Auskunft: Tourist Information Ebermannstadt, Oberes Tor 1, 91320 Ebermannstadt, Tel. 09194/79 77 79, Fax 79 77 76. Anfahrt: Autobahn A9 Abfahrt Pegnitz/Grafenwöhr oder A73 Abfahrt Forchheim Nord oder Süd.*

RHÖNWANDERUNG ZUM ERLOSCHENEN VULKAN

Die 12 km lange Rundtour verlangt zwar einen Aufstieg von rund 400 m zum Kreuzberg (928 m), ist aber auch von Zehnjährigen zu schaffen.

Die Wasserkuppe, der Berg der Segelflieger, ist zwar noch 22 m höher und darum der höchste Berg der Rhön, aber in Unterfranken ist der *Kreuzberg* mit 928 m der höchste Gipfel, ein erloschener Vulkan mit einer Basaltdecke. Schon vorgeschichtlich diente der Berg Kelten als Zuflucht, wie die Reste eines Ringwalls beim Naturdenkmal Johannisfeuer noch zeigen, einem Basaltblockfeld südöstlich vom Gipfel. Später wurde er zum »Heiligen Berg« und fränkischen

Pilgerziel, in Erinnerung an den irisch-schottischen Missionar St. Kilian, der im Jahr 686 anstelle eines Opfersteins der Germanen ein erstes christliches Kreuz aufgerichtet haben soll.

In dem Holzschnitzerstädtchen Bischofsheim ist unter anderem ein romanischer Zentturm und die noch deutlich sichtbare kreisrunde mittelalterliche Stadtgestalt (»Rundling«) interessant. Vom Marktplatz zeigen blaue Winkel den Weg durch die Löwenstraße und das Straßendorf Haselbach zum Hochwald hinauf. Mal auf einem Pfad, meist auf festem Waldweg kommt man zum *Kloster der Franziskaner* unter dem Gipfel, wo die Klosterschenke Pilger und Wanderer erwartet. Spezialität ist das würzige, dunkle Klosterbier, das hier seit 1731 gebraut wird. Ein steiler Weg, knapp einen Kilometer lang, ist noch zu den drei Golgathakreuzen auf dem Gipfel zu bewältigen, der belohnt wird mit einem weiten Rhönrundblick auf andere Bergkuppen gleichfalls vulkanischer Herkunft. Die Kreuze mit den Figuren Christi und der beiden Räuber stammen vermutlich aus dem 16. Jh.

Für den Rückweg über die Neustädter Hütte (mit Einkehr- und Übernachtungsmöglichkeit) hält man sich an rote Winkelzeichen. Von der Berghütte an geht's nordwärts den Buchstaben NH nach wieder auf die Holzschnitzerstadt Bischofsheim zu.

Reizvolles Ziel in der Umgebung ist 20 km südwestlich von Bischofsheim Bad Brückenau – Lieblingsaufenthaltsort von Ludwig I., der sich hier mit seiner Geliebten, Lola Montez, traf.

Auskunft: Tourist-Information Rhön, 97616 Bad Neustadt, Spörleinstr. 11, Tel. 09771/94-108, Fax 943 00. Anfahrt: A7 Ausfahrt Bad Brückenau/Wildflecken oder B279 von Bad Neustadt. Karte: Naturpark Rhön, Südblatt, 1:50 000, Bayerisches Landesvermessungsamt

IM LANDE DES MINNESÄNGERS

Die etwa 30 km lange Radtour von und nach Wolframs-Eschenbach fährt man leicht in rund 2½ Stunden, da die Strecke nur anfangs hügelig, nachher ziemlich eben ist. Wer baden will: Zum Altmühlsee sind es nur wenige Kilometer.

Am Rande des Neuen Fränkischen Seenlands liegt ein Kleinod: die kleine Stadt Wolframs-Eschenbach, in der einer der größten deutschen Dichter lebte (ca. 1170–1220). 1917 hat der Ort Eschenbach sich den Namen des Minnesängers und »Parzival«-Dichters zugelegt. Vor einiger Zeit wurde das *Wolfram-von-Eschenbach-Museum* im alten Rathaus der Stadt eröffnet. Es wird als eines der originellsten Literaturmuseen im Lande gelobt *(April–Okt. Di–Sa 14–17, So 10.30 bis 12 und 14–17 Uhr, Nov.–März Sa und So 14–17 Uhr).*

Zur Rundtour durch freundliche fränkische Dörfer, Wiesen und Wälder laden die blauen Schilder mit dem Radlersymbol und der Nummer 9 (Ausgangspunkt Unteres Tor) ein. Über Adelmannsdorf führen sie nach Mitteleschenbach und von dort in einem weiten Südwestbogen durch den Haundorfer Wald, teils auf asphaltiertem Weg, fast durchweg abseits der Autostraßen.

Kurz nach dem Ortseingang von Merkendorf geht's in die Straße Am Grenzbuck. Das Windrad gehört zum Solarhaus Krauss, das mit dem Europäischen Umweltpreis ausgezeichnet wurde. Im Ortskern von Merkendorf steht der Krautbrunnen vor dem Rathaus. Wenn man ein Picknick machen möchte, bietet sich nördlich von Bammersdorf, dem nächsten Ort, der Rastplatz im Zandttal mit seinen Springbrunnen an. In Gotzendorf erreicht man den nördlichsten Punkt der Route und schon kurz vorher die Gotzenmühle mit Ausflugsgaststätte. Von dort sind's aber nur noch drei Kilometer bis zum Oberen Tor von Wolframs-Eschenbach, wo man die Auswahl unter mehreren Wirtshäusern hat.

Auskunft: Stadtverwaltung, Wolfram-von-Eschenbach-Platz 1, 91639 Wolframs-Eschenbach, Tel. 09875/975 50. – Karte: Kompaß-Wanderkarte Neues Fränkisches Seenland, 1:50 000. Anfahrt: die A6 Ausfahrt Ansbach oder die B13 von Gunzenhausen nehmen

Haben Sie Lust auf mehrtägige Touren?

Im fränkischen Wanderwegenetz finden sich attraktive Themenangebote. Zum Beispiel der »Fränkische Rotweinwanderweg« (55 km), der »Maintal-Radwanderweg« von Aschaffenburg bis zur Regnitz bei Bamberg, der 200 km lange »Kelten-Erlebnisweg« von Bad Windsheim bis ins südthüringische Meiningen, der »Friedrich-Rückert-Wanderweg« von Schweinfurt über die Haßberge nach Coburg (105 km), der Rundweg »Burgenkundlicher Lehrpfad Haßberge«, der »Jean-Paul-Weg« von Hof durchs Fichtelgebirge nach Bayreuth (117 km, mit Abstechern 136 km). Zu allen diesen Touren kann man Spezialprospekte mit detaillierten Informationen anfordern (Tourismusverband Franken e. V., Nürnberg, siehe Praktische Hinweise).

Von Auskunft bis Wintersport

Damit Ihre Frankenreise rundum gelingt – hier einige nützliche Adressen und Informationen

AUSKUNFT

Für Auskünfte zuständig:
Tourismusverband Franken e. V.

Fürther Str. 21, 90429 Nürnberg, Tel 0911/26 42 02, Fax 27 05 47, www.btl.de/franken

Tourist Information Naturpark Altmühltal
Notre Dame 1, 85072 Eichstätt, Tel. 08421/987 60, Fax 98 76 54, E-mail: tourismus@naturpark-altmuehltal.btl.de

Tourist Information Fichtelgebirge
Bayreuther Str. 4, 95686 Fichtelberg, Tel 09272/62 55, Fax 64 54, E-mail: tourismus@fichtelgebirge.btl.de

Tourismus-Zentrale Fränkische Schweiz
Oberes Tor 1, 91320 Ebermannstadt, Tel. 09194/79 77 79, Fax 79 77 76, www.fraenkische-schweiz.com

Tourist Information Fränkisches Weinland
Am Congress-Centrum, 97070, Würzburg, Tel. 0931/37 33 35, Fax 37 36 52, E-mail: tourismus@fraenkisches-weinland.btl.de

Tourist Information Frankenalb
Waldluststr. 1, 91207 Lauf, Tel. 09123/95 02 54, Fax 95 02 51, www.frankenalb.de

Tourist Information Frankenwald
Adolf-Kolping-Str. 1, 96317 Kronach, Tel. 09261/60 15-0, Fax 60 15 15, www.btl.de/frankenwald

Tourist Information Haßberge
Rathaus, Obere Sennigstraße 4, 97461 Hofheim, Tel. 09523/922 90, Fax 267

Tourist Information Das Neue Fränkische Seenland
Hafnermarkt 13, 91710 Gunzenhausen, Tel. 09831/41 91, Fax 804 50

Tourist Information Oberes Maintal-Coburger Land
Kronacher Str. 30, 96215 Lichtenfels, Tel. 09571/182 83, Fax 182 08

Tourist Information Rhön
Spörleinstr. 11, 97616 Bad Neustadt, Tel. 09771/941 08, Fax 943 00, oder
Obere Marktstraße 6, 97688 Bad Kissingen, Tel. 0971/801 11 19, Fax 80 11 21

Tourist Information Romantisches Franken
Gemeinschaftszentrum Frankenhöhe, Kirchberg 4, 91598 Colmberg, Tel. 09803/941 41, Fax 941 44

Tourist Information Spessart-Main-Odenwald
Bayernstr. 18, 63739 Aschaffenburg, Tel. 06021/39 42 71, Fax 39 42 58

Tourist Information Steigerwald
Hauptstraße 3, 91443 Scheinfeld, Tel. 09162/124 24, Fax 124 33, E-mail: tourismus@steigerwald.btl.de

ANGELN

In den zahlreichen Seen und Flüssen Frankens kommen Forellen, Hechte, Karpfen, Rotaugen, Schleien, Zander und andere Fischarten vor. Fischfang ist nur mit Erlaubnisschein gestattet. Über die Bestimmungen informieren die jeweiligen Verkehrsämter.

BADESPASS

Außer Freibädern, vielerorts auch in Naturgewässern, gibt es u. a.:

Atlantis, Würzburger Str. 35, 91074 Herzogenaurach, Tel. 09132/44 46

Nautiland, Luitpoldstr./Neunerplatz, 97082 Würzburg, Tel. 0931/41 13 30

BAHN-NOSTALGIE

Mit historischen Lokomotiven (auch Dampflokomotiven) und Waggons des Verkehrsmuseums Nürnberg kann man schöne Tages-Sonderzugfahrten machen. *Auskunft: Verkehrsmuseum Nürnberg, Lessingstr. 6, 90443 Nürnberg, Tel. 0911/219-24 28, aktuelle Fahrpläne Tel. 219-23 53*

CAMPING

Über 110 Campingplätze führt eine Broschüre der Tourist Information Franken mit Adressen und Kurzbeschreibungen auf. Nähere Auskünfte bei der regionalen Tourist-Information.

GOLF

Im Frankenland stehen derzeit 16 Golfplätze zur Wahl.

HEILBÄDER

In zwölf staatlich anerkannten Heilbädern, im Stil zwischen elegant und gemütlich, können Sie kuren: Bad Alexandersbad, Bad Berneck, Bad Bocklet, Bad Brückenau, Bad Kissingen, Bad Königshofen, Bad Neustadt/Saale, Bad Steben, Bad Windsheim, Bischofsgrün, Rodach, Staffelstein. Über Kurmöglichkeiten informiert ausführlich der *Bayerische Heilbäder Verband e. V., Am Kurgarten 1, Postfach 22 40, 97685 Bad Kissingen, Tel. 0971/80 48 30, Fax 80 48 40*

JUGENDHERBERGEN

Wer einen Jugendherbergsausweis besitzt, kann zu den im DJH üblichen Bedingungen in Frankens 52 Jugendherbergen preiswert übernachten. Adressen und Auskünfte beim *Deutschen Jugendherbergswerk Landesverband Bayern e. V., Mauerkircherstr. 5, 81679 München, Tel. 089/92 20 98-0, Fax 92 20 98-40*

KLIMA

Wenn im Fränkischen Weinland der Frühling schon die Obstblüte beginnen läßt, kann ganz oben im Fichtelgebirge noch Schnee liegen. Die östlichen Teile Frankens haben kontinental beeinflußtes Klima. Die Fränkische Alb ist eine Klimascheide, westlich davon ist es milder.

NOTRUF

Polizei *Tel. 110*
Feuerwehr *Tel. 112*
Notdienst *Tel. 112 und 192 22*

RADELN

Zur Vorbereitung von Radtouren in diesem fürs Radeln so geeignetem Land hält die Tourist Information Franken eine Broschüre mit Tips für Radwanderungen, Angaben über Radwege und Orte mit Fahrradverleih bereit.

REITEN

Bei der Werbegemeinschaft *Reiten zwischen Main und Donau (Luitpoldstr. 5, 91550 Dinkelsbühl, Tel. 09851/57 77 14, Fax 57 77 50)* bekommt man alle Auskünfte über Reiterhöfe, Reitkurse, Pferdeverleih, Pferdepensionen in allen fränkischen Regionen. Über 100 Reitstationen ermöglichen Ritte bis zu 30 Tagen.

SCHIFFSRUNDFAHRTEN

Angebote u. a.: Ab Bamberg, Schiffsanlegestelle »Am Kranen«, auf dem alten Ludwig-Donau-Main-Kanal bis zur Mündung der Regnitz in den Main (ca. 90 Min.). *Anmeldung bei Fa. Kropf, Kapuzinerstr. 5, 96047 Bamberg, Tel. 0951/266 79*

Ab Wertheim, auf dem Main nach Lohr oder nach Miltenberg. *Anmeldung bei Wertheimer Personenschiffahrt A. Mahl, Mainplatz 20, 97862 Wertheim, Tel. 09342/14 14*

Ab Miltenberg Tages- und Rundfahrten, Schleusenfahrt mit Erklärung einer Mainstaustufe, Burgenfahrten oder eine Wein-

Klassische Weinwanderung

»Wünsche ich ein paar Flaschen Würzburger, wie ich solchen bei Herrn Hofrath Loder getrunken, und ein paar Flaschen vorzüglich guten Steinwein zur Probe, nebst den Preisen«, schrieb Goethe 1801 an seinen Weinhändler in Erfurt. Auf dem Würzburger Stein, dem mächtigen Muschelkalkrücken über dem rechten Mainufer, wächst schon seit dem 8. Jh. Wein; hier wurden die ersten Silvanerreben Frankens gesetzt, und auch König Ludwig I. pflanzte eigenhändig eine Rebe. Vollmundige, wuchtige Weine reifen an diesen Steillagen. Flurbereinigt mutet die hochberühmte Lage zwar winters befremdlich kahl an, bietet aber von ihrem Weinlehrpfad aus einen schönen Blick auf Stadt und Fluß. Weil die Wege zwischen den Reben glatt und gangbar gemacht wurden, braucht niemand mehr wie Heinrich von Kleist zu klagen: »Ich hatte nicht geglaubt, daß der Berg so hoch sei, und er war es vielleicht auch nicht, aber sie hatten aus den Weinbergen alle Steine links und rechts in den Weg geworfen, das Ersteigen zu erschweren.«

fahrt nach Klingenberg, auch mit Weinprobe. *Personenschiffsreederei Hans Henneberger, 63897 Miltenberg, Mainanlage, Tel. 09371/33 30 und 09378/232.* Ab Volkach nach Bamberg oder Schweinfurt, eine der schönsten Strecken durch das Maintal. *Fränkische Personen-Schifffahrt, 97301 Kitzingen, Tel. 09321/918 10, Fax 215 49*

WANDERN

In herrlicher Mittelgebirgslandschaft, abseits verkehrsreicher Straßen bietet Franken schöne Wandererlebnisse und ein großes Netz markierter Wanderwege. Feste Schuhe und vernünftige Ausrüstung sollten selbstverständlich sein. Auch Wandern ohne Gepäck, acht Tage mit vorbestellten Unterkünften, wird angeboten. Außerdem gibt es verschiedene Themenwanderungen, z. B. auf einem Astronomischen Lehrpfad oder einem »Archäologischen Wanderpfad«. *Auskunft beim Tourismusverband Franken e. V., Nürnberg.*

Wege zwischen Kunst und Wein machen Franken zum beliebten Wanderland

WEINSEMINARE

Jedes Jahr bietet die Gebietsweinwerbung Franken Frankenwein-Seminare an. Sie vermitteln Wissen über Weinbau und Keller und geben Gelegenheit, den eigenen Weingeschmack zu vervollkommnen. Anmeldung und Auskunft: *Gebietsweinwerbung Franken, Haus des Frankenweins, Kranenkai 1, 97070 Würzburg, Tel. 0931/ 39 01 10.* Bei der Gebietsweinwerbung erfährt der Weinfreund auch Adressen von Winzern, bei denen er Wein ab Hof kaufen (und zuvor verkosten) kann. In Würzburg und in vielen anderen Orten des Fränkischen Weinlandes gibt es Weinlehrpfade.

WINTERSPORT

Gebiete mit Wintersportangeboten (Skischulen, Skilifte, Loipen, Schlittschuhbahnen, Eisstockschießen, Rodeln und Schlittenfahrten) findet man in der Rhön, im Frankenwald und besonders im Fichtelgebirge. Die Pisten sind leicht bis mittelschwer, manchmal auch mit Flutlichtanlage. Auskunft gibt die betreffende Tourist-Information. Bei folgenden Telefonnummern bekommt man Auskunft über Wetter- und Schneelagen: *Rhön Tel. 09772/212 (Kloster Kreuzberg), Frankenwald Tel. 09261/60 15-0 (Kronach), Fichtelgebirge Tel. 09272/ 62 55 (Fichtelberg)*

WETTER IN NÜRNBERG

Die monatlichen Durchschnittswerte im Überblick

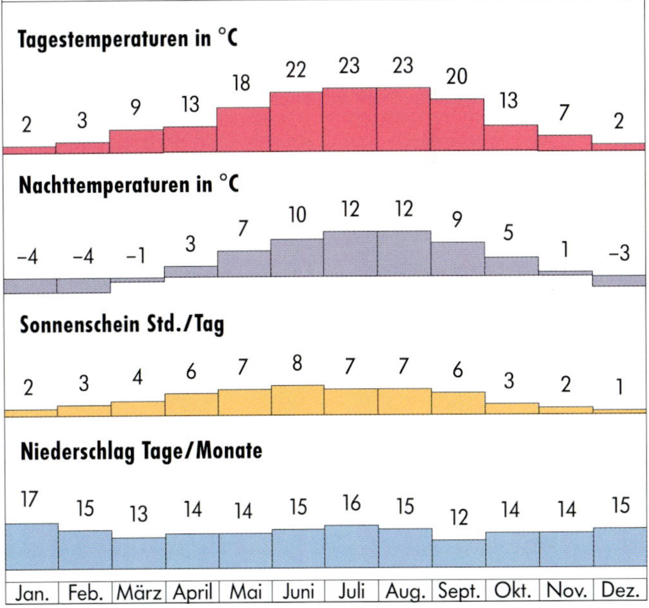

Bloß nicht!

Worauf Sie achten und was Sie vermeiden sollten

Franken sind Franken

Der Franke, gleich ob Nürnberger, Bamberger oder Würzburger, ist zwar Bürger des Bundeslandes Bayern. Trotzdem ist er, bitte sehr, auch nach bald zweihundertjähriger Zugehörigkeit Frankens zu Bayern, noch lange kein Bayer und möchte nicht als solcher angeredet werden.

Spielwarenmesse

Wie alle Messestädte, sollten Touristen auch Nürnberg während der Spielwarenmesse im Frühjahr meiden: Die Hotels sind oft schon ein Jahr vorher ausgebucht. Zudem werden zur Messe, streng kontrolliert, nur Fachbesucher eingelassen. Vor allem Kinder müssen vor den Messetoren bleiben.

Rothenburg am Wochenende

Die Tauberstadt ist wunderschön. Nur, kommen Sie nicht gerade zur Sommerferienzeit am Samstagvormittag! Merkwürdig genug, genau das tun nämlich alljährlich Zigtausende, übrigens auch zur Vorweihnachtszeit.

Kaffee im Bräu

In einer Weinstube kann man sich einen Schwarzen schon einmal genehmigen, in den zünftigen Bräuwirtschaften werden Sie aber mit der Bestellung von Kaffee oder Tee schlecht ankommen! Glücklicherweise gibt es in Franken Caféhäuser genug.

Coburger Rostbratwurst mit Senf

Die Coburger sind besonders stolz auf ihre Bratwürste. Die sind nämlich vom feinsten und so gut gewürzt, daß man sie mit Senf geradezu degradierte. Also Bratwurst pur!

Das liebe Auto

Falls Sie nicht gerade gern im Stau stehen, vermeiden Sie an Ferienwochenenden die Autobahnstrecke Würzburg–Nürnberg und Nürnberg–Würzburg, denn sie ist ständig überlastet.

Im Irrtum ist erst recht, wer mit dem Auto zum Nürnberger Christkindlesmarkt in die Altstadt fahren will – da findet man nämlich schon zu normalen Zeiten keinen Parkplatz. In den Städten mit ihren Fußgängerzonen wird das Parken generell zum nervenzehrenden Problem. Es wird dringend geraten, nicht mit dem Auto in die Stadtkerne zu fahren. Auch wenn man ein paar Schritte mehr laufen muß – nutzen Sie die ausgeschilderten öffentlichen Parkplätze außerhalb der Innenstadt.

Reiseatlas Franken

Die Seiteneinteilung für den Reiseatlas finden Sie auf dem hinteren Umschlag dieses Reiseführers

A
B
C
Usingen
Wehrheim
Römerkastell Saalburg
Neu-Anspach
Bad Homburg
Oberursel
Bad Homburger Kreuz
Rosbach v. d. Höhe
Friedberg
Assenheim
Wöllstadt
Niddatal-
Florstadt
Altenstadt
Düdelsheim
Büdingen
Karben
Nidderau-Heldenbergen
Gründau-
Hain-Gründau
Schöneck
Bad Vilbel
Bruchköbel
Langenselbold
Gelnhausen
Erlensee
Kinzig
Gelnhsn. West
FRANKFURT
Maintal
Hanau
Rodenbach
Hanauer Kr.
Freigericht-Somborn
Mühlheim
OFFENBACH
Hainburg
Alzenau
Michelbach
Kelsterbach
HÖCHST
Neu-Isenburg
Heusenstamm
Offenb. Kreuz
Kahl
Mömbris
Seligenstadt
Karlstein
Dreieich
Dietzenbach
Rodgau
Goldbach
Walldorf
Mörfelden-
Langen
Egelsbach
Rödermark
Babenhausen
Seligenst. Dr.
Stockstadt
Aschaffenburg
Gerau
Büttelborn
DARMSTADT
Eppertshausen
Münster
Schaafhm.
Obernau
Weiterst. Dr.
Dieburg
Großostheim
Sulzbach
Griesheim
Groß-Zimmern
Groß-Umstadt
Mömlingen
Elsenfeld
Obernburg
Ober-Ramstadt
Nieder-Mühltal
Reinheim
Breuberg-Neustadt
Erlenbach a. M.
Pfungstadt
Niedernhausen
Groß-Bieberau
Gersprenz
Höchst
Wörth
Lützelbach
Seeheim-Jugenheim
Fischbachtal
Brensbach
Zwingenberg
Felsenmeer
Fränkisch-Crumbach
Bad König
Klein-heubach
Schloß Auerbach
Lautertal-Elmshsn.
Reichelsheim
Naturpark
Vielbrunn
Bensheim
Lindenfels
Steinbach
Michelstadt
Bergstraße
Torhalle
Lorsch
Heppenheim
Fürth
Erbach
Rimbach
Odenwald
Kirchzell
Mörlenbach
Affolterbach
Hetzbach
Wildenburg
Hesseneck-Schöllenbach
Viernheim
Birkenau
Wald-Michelbach
Beerfelden
Weinheim
Abtsteinach
Hirschberg a.d. Bergstr.
Scheidental
MANNHEIM
Schriesheim
Heiligkreuzsteinach
Strümpfelbrunn

108
107
112
Bad Soden-Salmünster
Steinau a.d.Straße
Sterbfritz
Sinntal
Bad Brückenau
Riedenberg
Wildflecken
Geroda
Naturpark
Mernes
Altengronau
Zeitlofs
Detter
Bad Orb
Wirtheim
Burgjoß
Hohberg 476
Obersinn
Bad Kissingen/Oberthulba
Hessischer
Bieber-gemünd
Joss-grund
Spessart
Fellen
Burgsinn
Wartmannsroth
Elfershausen
Flörsbachtal
Kempfenbrunn
Wiesen
Hermannskopf 567
Rieneck
Gräfendorf
Fränk. Saale
Hammelburg
Rupperts-hütten
Gemünden am Main
Sperrgebiet
Frammersbach
Langenprozelten
Gauschach
Bayerischer Spessart
Partenstein
Gössenheim
Heigenbrücken
Wernfeld
Waldaschaff
Rechtenbach
Lohr a.Main
Karlburg
Eußenheim
Karlstadt
Rothenbuch
Weibersbrunn
Neustadt
Steinfeld
Thüngen
Gramschatz
Rohrbrunn
Retzbach
Retzstadt
Schloß Mespelbrunn
Rothenfels
Burg Rothenfels
Zellingen
Thüngersheim
Dammbach
Birkenfeld
Hobbach
Altfeld
Marktheidenfeld
Margetshöchheim
Veitshöchheim
Eschau
Wildensee
Marktheidenfeld
Hasloch
Triefenstein-Homburg a. M.
WÜRZBURG
Stadtprozelten
Üttingen
Höchberg
Wertheim
Wertheim/Lengfurt
Helmstadt
WÜ/Kist
Freudenberg
Neubrunn
Dreieck WÜ-West
WÜ-Heidingsfeld
Bürgstadt
Eichenbühl
Bronnbach
Höhefeld
Gerchsheim
Gerchshm.
Reichenberg
Külsheim
Werbach
Großrinderfeld
Kirchheim
Sperrgebiet
Tauberbischofsheim
Giebelstadt
Höpfingen (Odenwald)
Grünsfeld
Wittighausen
Hardheim
Tauberbischofsheim
Walldürn
Lauda-Königshofen
Bernsfeld
Ahorn
Buchen (Odenwald)
Hettingen
Altheim
Gerichtstetten
Röttingen
Ahorn-Berolzhm.
Bad Mergentheim
Igersheim
5km
E 41
E 43

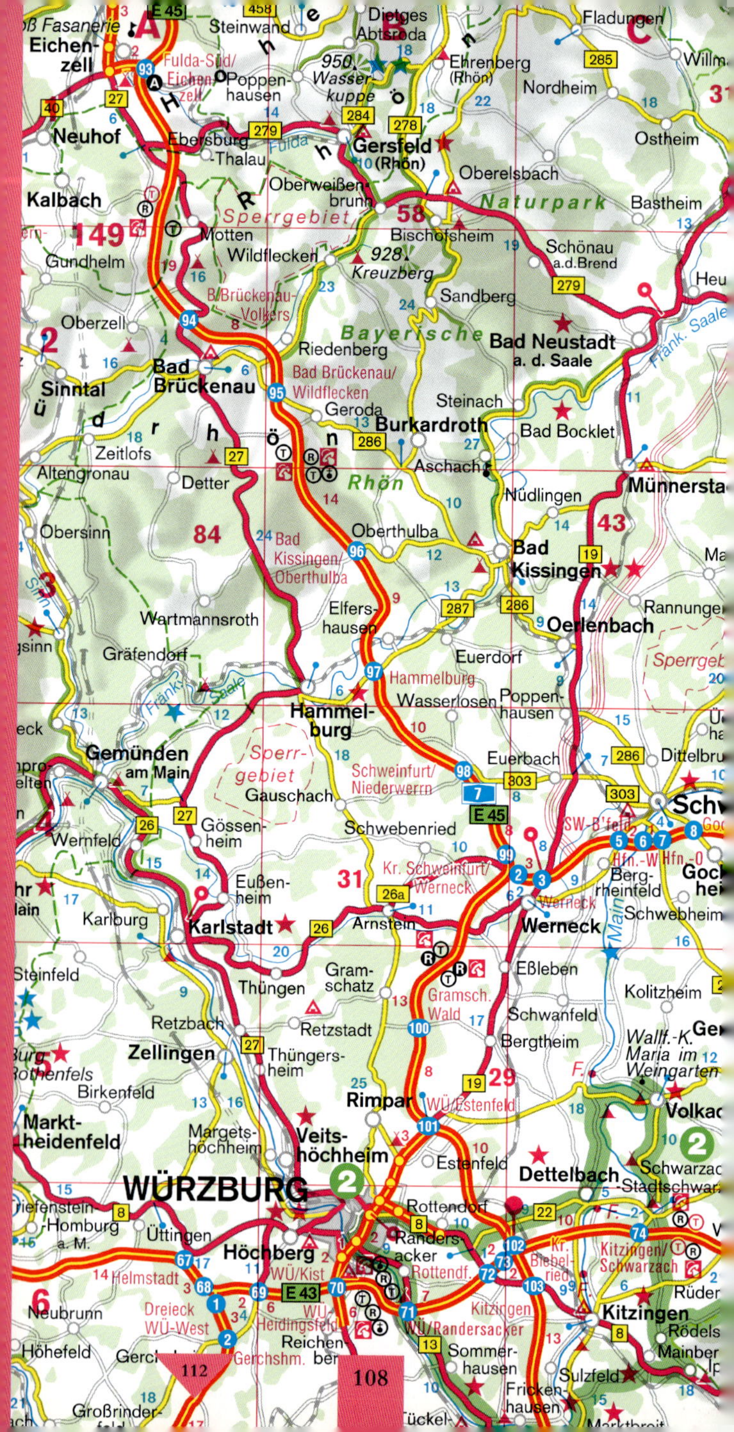

Eichenzell
Fulda-Süd/Eichenzell
Steinwand
Dietges
Abtsroda
Fladungen
Ehrenberg (Rhön)
950 Wasserkuppe
Poppenhausen
Nordheim
Neuhof
Ebersburg
Thalau
Fulda
Gersfeld (Rhön)
Ostheim
Oberelsbach
Kalbach
Oberweißenbrunn
Naturpark
Bastheim
Sperrgebiet
Motten
Bischofsheim
Schönau a.d.Brend
Gundhelm
Wildflecken
928 Kreuzberg
Sandberg
Bad Brückenau-Volkers
Oberzell
Bayerische
Bad Neustadt a. d. Saale
Fränk. Saale
Riedenberg
Bad Brückenau
Bad Brückenau/Wildflecken
Sinntal
Geroda
Steinach
Burkardroth
Bad Bocklet
Zeitlofs
Rhön
Aschach
Altengronau
Detter
Münnerstadt
Nüdlingen
Obersinn
Bad Kissingen/Oberthulba
Oberthulba
Bad Kissingen
Wartmannsroth
Elfershausen
Rannungen
Oerlenbach
Gräfendorf
Euerdorf
Hammelburg
Wasserlosen
Poppenhausen
Gemünden am Main
Sperrgebiet
Euerbach
Dittelbrunn
Schweinfurt/Niederwerrn
Gauschach
Wernfeld
Gössenheim
Schwebenried
SW-B'feld
Hfn.-W
Hfn.-O
Kr. Schweinfurt/Werneck
Bergrheinfeld
Eußenheim
Karlburg
Karlstadt
Arnstein
Werneck
Schwebheim
Main
Steinfeld
Thüngen
Gramschatz
Eßleben
Kolitzheim
Gramsch. Wald
Retzbach
Retzstadt
Schwanfeld
Zellingen
Thüngersheim
Bergtheim
Wallf.-K. Maria im Weingarten
Rothenfels
Birkenfeld
Rimpar
WÜ/Estenfeld
Volkach
Marktheidenfeld
Margetshöchheim
Veitshöchheim
Estenfeld
Dettelbach
Schwarzach
Stadtschwarzach
WÜRZBURG
Rottendorf
Homburg a. M.
Uettingen
Höchberg
Randersacker
Kr. Biebelried
Kitzingen/Schwarzach
Helmstadt
WÜ/Kist
Rottendf.
Neubrunn
Dreieck WÜ-West
WÜ-Heidingsfeld
Kitzingen
WÜ/Randersacker
Kitzingen
Rödelsee
Höhefeld
Gerchshm.
Reichenberg
Sommerhausen
Mainbernheim
Sulzfeld
Frickenhausen
Großrinderfeld
Marktbreit
112
108

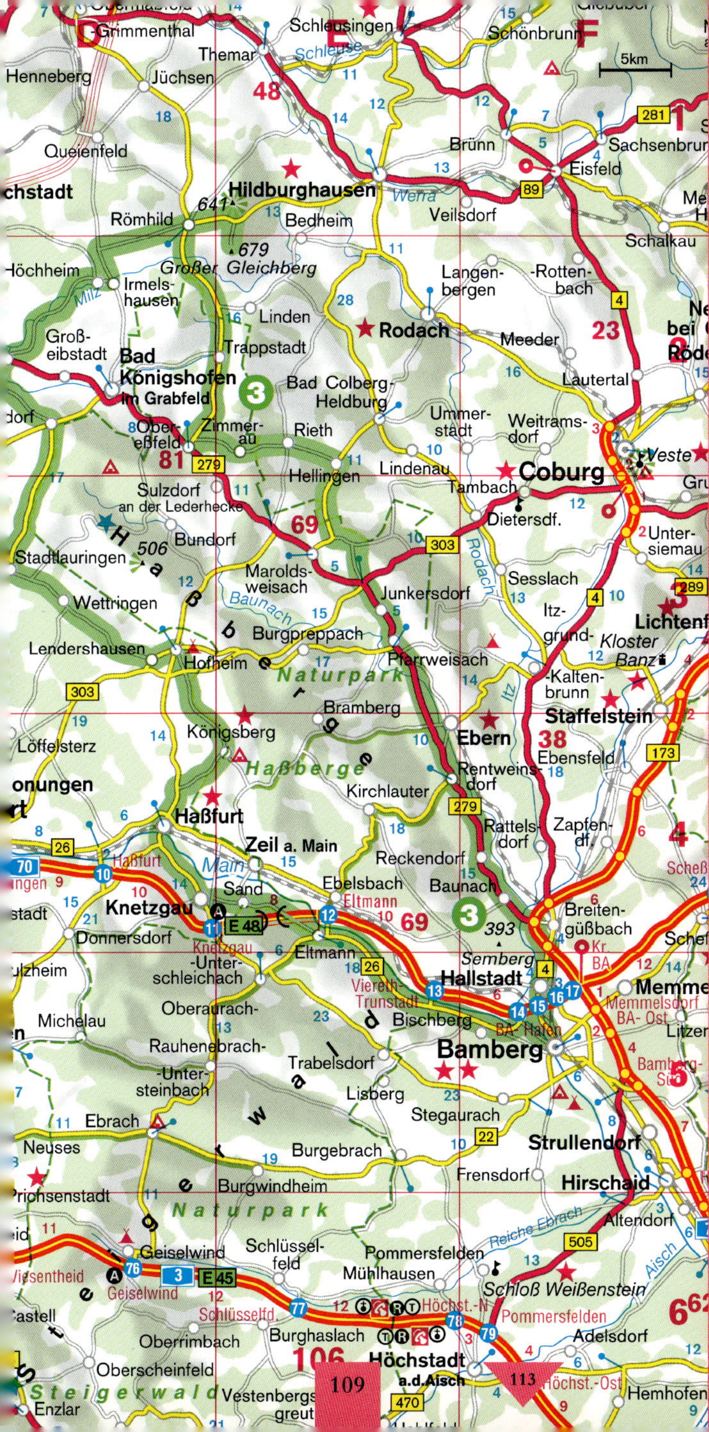
Grimmenthal
Schleusingen
Schönbrunn
Themar
Schleuse
Henneberg
Jüchsen
5km
Queienfeld
Brünn
Sachsenbrunn
Eisfeld
Hildburghausen
Werra
Veilsdorf
Römhild
641
Bedheim
679
Großer Gleichberg
Schalkau
Höchheim
Irmels-hausen
Milz
Langen-bergen
-Rotten-bach
Linden
Rodach
Meeder
Groß-eibstadt
Bad Königshofen im Grabfeld
Trappstadt
Bad Colberg-Heldburg
Lautertal
Ober-eßfeld
Zimmer-au
Rieth
Ummer-stadt
Weitrams-dorf
Veste
Hellingen
Lindenau
Coburg
Tambach
Sulzdorf an der Lederhecke
Dietersdf.
Bundorf
506
Unter-siemau
Stadtlauringen
Marolds-weisach
Baunach
Sesslach
Junkersdorf
Wettringen
Itz-grund-
Kloster Banz
Burgpreppach
Lichtenfels
Lendershausen
Hofheim
Naturpark
Pfarrweisach
-Kalten-brunn
Bramberg
Staffelstein
Königsberg
Löffelsterz
Ebern
Haßberge
Ebensfeld
Kirchlauter
Rentweins-dorf
Haßfurt
Rattels-dorf
Zapfen-df.
Zeil a. Main
Main
Reckendorf
Sand
Ebelsbach
Eltmann
Baunach
Knetzgau
Breiten-güßbach
Donnersdorf
393
Semberg
Eltmann
Hallstadt
-Unter-schleichach
Viereth-Trunstadt
Memmelsdorf
BA-Ost
Litzendorf
Oberaurach-
Michelau
Bischberg
BA-Hafen
Bamberg
Rauhenebrach-
Trabelsdorf
-Unter-steinbach
Lisberg
Bamberg-Süd
Stegaurach
Ebrach
Steigerwald
Neuses
Burgebrach
Strullendorf
Frensdorf
Hirschaid
Burgwindheim
Prichsenstadt
Naturpark
Reiche Ebrach
Altendorf
Geiselwind
Schlüssel-feld
Pommersfelden
Wiesentheid
Mühlhausen
Schloß Weißenstein
Aisch
Schlüsselfd.
Höchst.-N.
Castell
Pommersfelden
Oberrimbach
Burghaslach
Adelsdorf
Höchstadt a.d.Aisch
Oberscheinfeld
Höchst.-Ost
Hemhofen
Vestenbergsgreuth
Enzlar

113

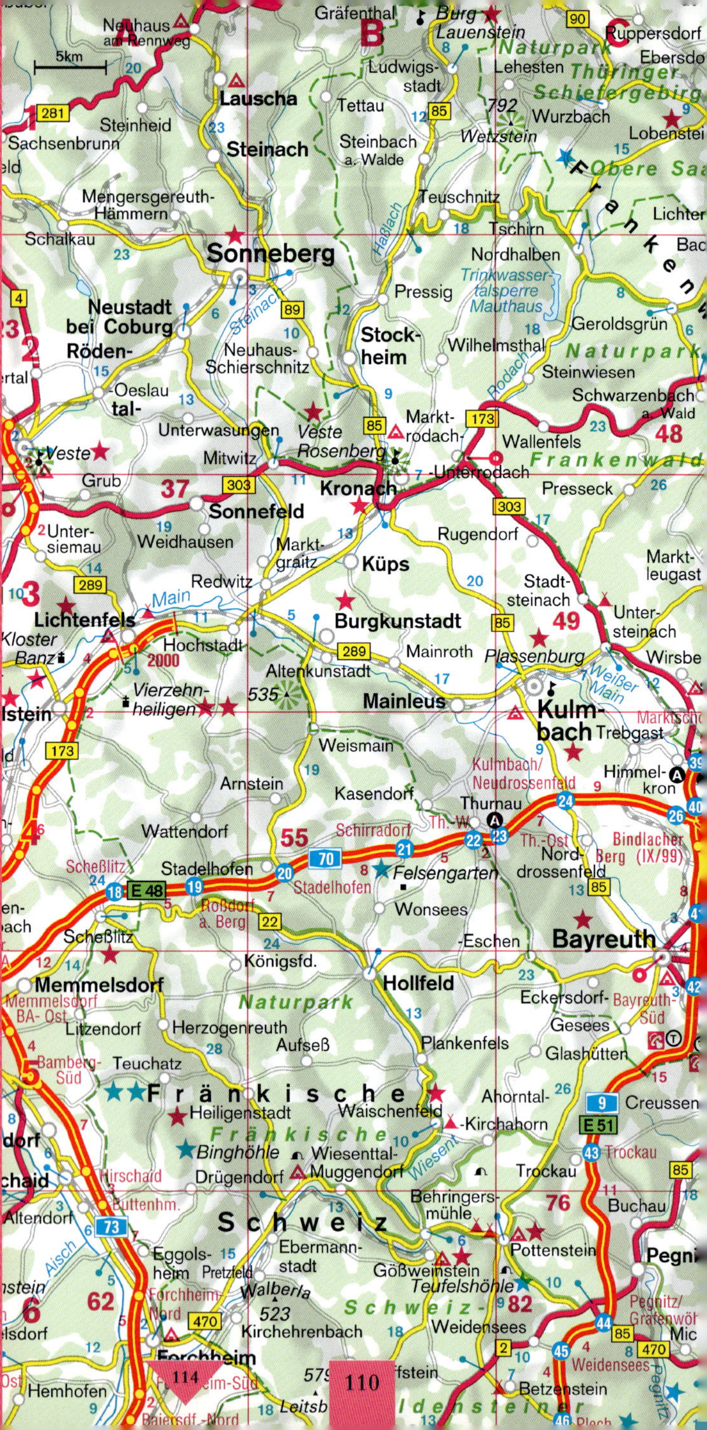
Neuhaus am Rennweg
Gräfenthal
Burg Lauenstein
Ruppersdorf
Ebersdorf
5km
Ludwigs-stadt
Lehesten
Naturpark Thüringer Schiefergebirge
Lauscha
Tettau
792
Wurzbach
Steinheid
Wetzstein
Lobenstein
Sachsenbrunn
Steinach
Steinbach a. Walde
Obere Saale
Frankenwald
Mengersgereuth-Hämmern
Teuschnitz
Lichtenberg
Schalkau
Tschirn
Sonneberg
Nordhalben
Haßlach
Trinkwasser-talsperre Mauthaus
Pressig
Neustadt bei Coburg
Steinach
Geroldsgrün
Röden-
Neuhaus-Schierschnitz
Stock-heim
Wilhelmsthal
Naturpark
Steinwiesen
Rodach
-Oeslau
tal-
Schwarzenbach a. Wald
Unterwasungen
Veste Rosenberg
Markt-rodach-
Wallenfels
Veste
Mitwitz
Frankenwald
Unterrodach
Grub
Kronach
Presseck
Sonnefeld
Unter-siemau
Weidhausen
Markt-graitz
Rugendorf
Küps
Markt-leugast
Redwitz
Stadt-steinach
Lichtenfels
Main
Burgkunstadt
Unter-steinach
Kloster Banz
Hochstadt
2000
Altenkunstadt
Mainroth
Plassenburg
Wirsberg
Vierzehn-heiligen
535
Mainleus
Weißer Main
Kulm-bach
Trebgast
Weismain
Kulmbach/Neudrossenfeld
Himmel-kron
Arnstein
Kasendorf
Thurnau
Wattendorf
Schirradorf
Th.-W.
Th.-Ost
Bindlacher Berg (IX/99)
Scheßlitz
Stadelhofen
Felsengarten
Nord-drossenfeld
Stadelhofen
Roßdorf a. Berg
Wonsees
Scheßlitz
-Eschen
Bayreuth
Königsfd.
Memmelsdorf
Hollfeld
Memmelsdorf BA-Ost
Naturpark
Eckersdorf-
Bayreuth-Süd
Litzendorf
Herzogenreuth
Gesees
Aufseß
Plankenfels
Bamberg-Süd
Teuchatz
Glashütten
Fränkische
Ahorntal-
Heiligenstadt
Waischenfeld
Creussen
Fränkische
-Kirchahorn
Binghöhle
Wiesenttal-
Muggendorf
Wiesent
Trockau
Hirschaid
Drügendorf
Trockau
Buttenhm.
Behringers-mühle
Buchau
Altendorf
Schweiz
Aisch
Pottenstein
Pegnitz
Eggols-heim
Pretzfeld
Ebermann-stadt
Gößweinstein
Teufelshöhle
Forchheim-Nord
Walberla
523
Schweiz-
Pegnitz/Grafenwöhr
Kirchehrenbach
Weidensees
Forchheim
Weidensees
Hemhofen
Forchheim-Süd
579
Leitsb
Betzenstein
Veldensteiner
Baiersdf.-Nord
Pegnitz
Plech
Pegnitz
Bayreuth
Himmelkron
Bayreuth
Bamberg
Plech
Ebermannstadt
E 48
E 51
281
85
90
89
173
303
289
22
470
73
70
9
37
48
49
55
62
76
82
A
B
C
1
2
3
4
5
6
114

Saalburg
Tanna
Tobertitz
Plauen
Auerbach
Falkenstein
Bergen
Grünbach
Vogtland
Gefell
Weischlitz
Plauen-Süd
Hammerbrück
Frössen
Lobenstein
Gutenfürst
Oelsnitz
Hirschberg
Bobenneukirchen
Schöneck
Töpen
Triebel
Berg
Berg/Bad Steben
Hof/Töpen
Blosenberg
Hof-Nord
Posseck
Adorf
Erlbach
Hof
Leupoldsgrün
IX-XII/2000
Bad Elster
Markneukirchen
Regnitzlosau
Hranice
Roßbach
Döhlau
Hof-West
Konradsreuth
Oberkotzau
Rehau-Nord
Rehau-Süd
Rehau
Aš 757
Asch
Elstergeb.
Bad Brambach
Selbitz
Schwarzenbach a. d. Saale
Schönwald
Saale
759
Kapellen-Berg
Weißdorf
Selb-Nord
Selb
Schönberg
Hazlov
Haslau
Münchberg
Naturpark
Kirchenlamitz
Selb-West
Františkovy Lázně
Franzensbad
Münchbg.-Süd
Sparneck
Eger
880
Großer Waldstein
Marktleuthen
Hohenberg a. d. Eger
Přehr. nádrž Skalka
Gefrees
Weißenstadt
Höchstädt
Thiersheim
Röslau
Schirnding
Cheb
Eger
Fichtelgebirge
1053
Schneeberg
Wunsiedel
Rathaush.
M.-Nord
Arzberg
Heilige Dreifaltigkeit
Bischofsgrün
Konnersreuth
Goldkronach
1023
Ochsenkopf
Tröstau
Fichtelsee
Bad Alexandersbad
IX/99
Marktredwitz-Süd
Felsenlabyrinth
Marktredwitz
Waldsassen
Warmensteinach
Fichtelberg
Nagel
939
Kösseine
Waldershof
Mitt.-West
Mitterteich
Brand
Neusorg
Naturpark Steinwald
Mitterteich-Süd
Weidenberg
Fichtelnaab
Pullenreuth
946
Platte
Fuchsmühl
Wiesau
Kulmain
Trevesen
Friedenfels
Tirschenreuth
Speichersdorf
Falkenberg
Kemnath
Erbendorf
Rauher Kulm 682
Krummennaab
Vorbach
Neustadt am Kulm
Windischeschenbach
Schönficht
Naturpark Hessenreuther und Manteler Wald
Kirchendemenreuth
Speinshart
Windischeschenbach
Plößberg
Pressath
Naturp.
Eschenbach
Parkstein
Neustadt a.d. Waldnaab
Flossenbürg
Kirchenthumbach
Neustadt
Altenstadt
Floß
Nördl. Oberpf. Wald
Grafenwöhr
Schwarzenbach
Weiden-Nord
Weiden-West
Weiden i.d. Opf.
Waldthurn
Sperrgebiet
Kaltenbrunn
Frauenricht
Weiden-Süd
Pleystein

115

108
112
Höhefeld
Gerchsheim
Gerchshm.
Reichenberg
Sommerhausen
Sulzfeld
Frickenhausen
Großrinderfeld
Kirchheim
Tückelhausen
Marktbreit
Ochsenfurt
Giebelstadt
Seinsheim
Grünsfeld
Euerhausen
Oberickelsheim
Wittighausen
Tauberbischofsheim
Gollhofen
Sonderhofen
Hohenl
Lauda-Königshofen
Bernsfelden
Aub
Simmershofen
Uffe
Bad Mergentheim
Röttingen
Uffenheim-Langensteinach
Igersheim
Weikersheim
Langensteinach
Creglingen
Ermetzhofen
Boxberg
Tauber
Bad Windsh
Reichelshofen
Stuppach
Assamstadt
Laudenbach
Herrgottskirche
Tauberscheckenbach
Herbsthausen
Niederstetten
Detwang
Dörzbach
Spielbach
Rothenburg ob d. T.
Rothenb
Bartenstein
Leuzendorf
Neusitz
Mulfingen
Schrozberg
Ingelfingen
Buchenbach
Insingen
Blaufelden
Brettheim
Künzelsau
Gailnau
Hohenloher Ebene
Langenburg
Gerabronn
Rot am See
Michelbach a.d. Lücke
Kupferzell
Döttingen
Obersteinach
Wallhausen
Schnelldorf
Braunsbach
Kirchberg
Crailsheim
Ilshofen/Wolpertshsn.
Satteldorf-
Schwäbisch Hall
Ilshofen
Wolpertshausen
Untermünkheim
Kreßberg-
-Mariä-Kappel
-Marktlustenau
Großaltdorf
Dinkelsbühl/Fichtenau
Comburg
Frankenhardt-Gründelhardt
Jagstheim
Vellberg
Fichtenau-Unterdeufstetten
Uttenhofen
Rosengarten-Westheim
Michelbach a.d. Bilz
Obersontheim
Naturpark
Bühlertann
Jagstzell
Oberrot
Rosenberg
Gaildorf
Bühlerzell
Fichtenberg
Adelmannsfelden
Schwäbisch-
Sulzbach-Laufen
Ellwangen
Kirchenkirnberg
Kocher
Untergröningen
Neuler
Rainau-Schwabsberg
Röhling
Gschwend
Fränkischer Wald
Kaisersbach
Abtsgmünd
Hüttlingen
Eschach
Westhausen
Aalen/West
Ruppertshofen
Wasseralfingen
Lauchheim
Welzheim
Jagst
E 43

106
109
5km
Steigerwald
Oberscheinfeld
Enzlar
Vestenbergsgreuth
Höchstadt a.d.Aisch
Höchst.-Ost
Hemhofen
Baiersdf.
Uehlfeld
Scheinfeld
Dachsbach
Markt Bibart
Gerhardshofen
Weisendorf
Sugenheim
Langenfeld
105
Gutenstetten
Erlangen-West
Regnitz
Aurachtal--Falkendorf
Neustadt a.d. Aisch
Aisch
Emskirchen
Herzogenaurach
Kreuz Fürth/ER
Ipsheim
Langenzenn
Veitsbronn
Bad ...sheim
Lenkersheim
Markt Erlbach
Wilhermsdorf
Fürth
Fränkisches Freilandmuseum
Cadolzburg
Zirndorf
Neuhof
Obernzenn
Marktbergel
Naturpark
NÜRNBERG
Stein
Flachslanden
Dietenhofen
Roßtal
Großhabersdorf
Frankenhöhe
Rügland
Colmberg
Großweismannsdorf
Wolkersdorf
Heßbach
Bruckberg
Heilsbronn
41
Altmühl
Lehrberg
86
Schwabach
Schw.-West
Leutershausen
Neuendettelsau
Ansbach
Lichtenau
Kammerstein
E 50
Aurach
Herrieden
Windsbach
Abenberg
Wolframs-Eschenbach
Wassermungenau
Herrieden
Merkendorf
Fränk. Rezat
Mitteleschenbach
Crailsheim
Weidenbach
Spalt
Feuchtwangen
Großer Brombachsee
Muhr a. See
49
Bechhofen
Altmühlsee
Burk
Gunzenhausen
Langfurth--Oberkemmathen
Theilenhofen
Hesselberg
689
Unterschwaningen
Dittenheim
Ellingen
Gerolfingen
Wassertrüdingen
Weißenburg
Wilburgstetten
Wörnitz
-Ostheim
Heidenheim-
51
Westheim-
Markt Berolzheim
Fremdingen
Tannhausen
-Hechlingen
Treuchtlingen
Oettingen
Unterschneidheim
Döckingen
41
Ries
Wallerstein
Wechingen-
Langenaltheim
Solnhofen
Ipf
668
Wemding
Mörnsheim
113

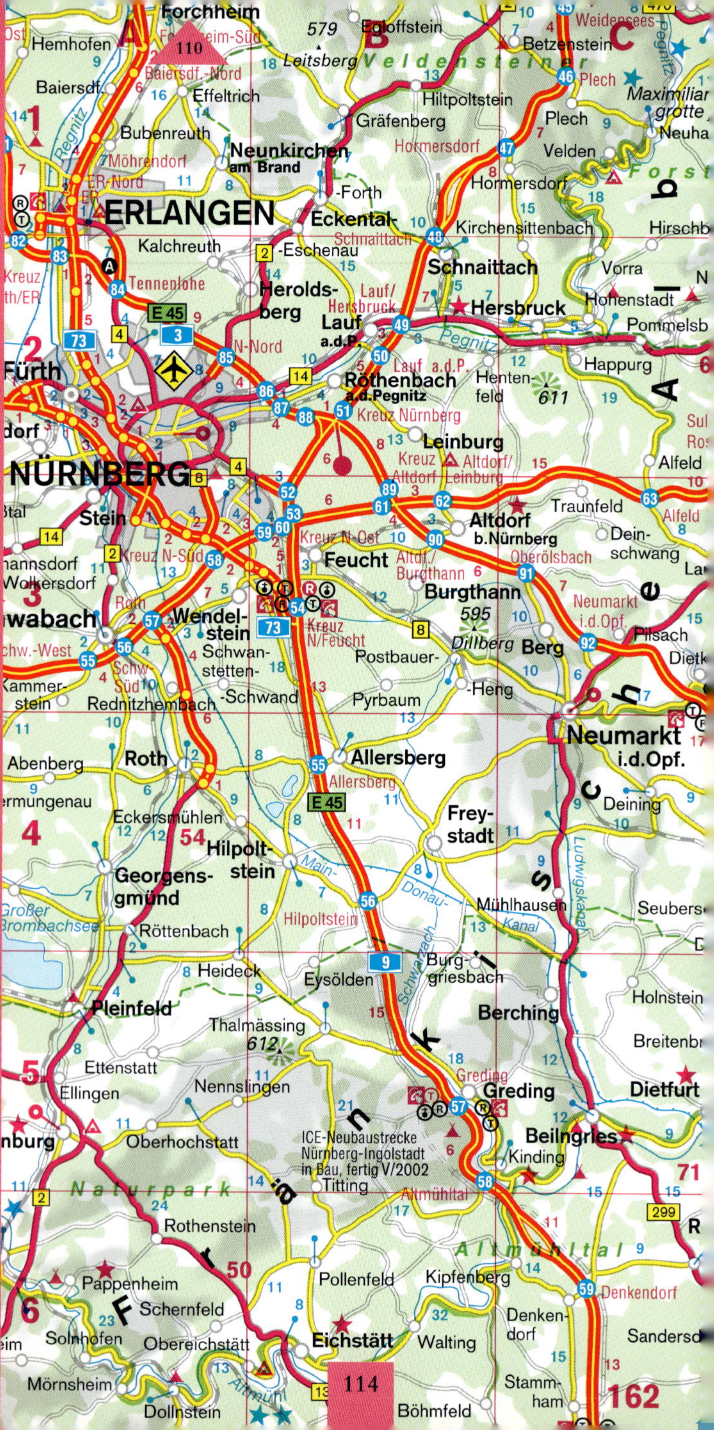

Forchheim
Forchheim-Süd
110
Hemhofen
Baiersdf.-Nord
Baiersdf.
Effeltrich
Egloffstein
Leitsberg
579
Veldensteiner
Betzenstein
Weidensees
Pegnitz
Plech
Maximiliansgrotte
Hiltpoltstein
Gräfenberg
Hormersdorf
Velden
Neuhaus
Bubenreuth
Möhrendorf
ER-Nord
Neunkirchen am Brand
-Forth
Forst
ERLANGEN
Eckental-
Schnaittach
Kirchensittenbach
Hirschbach
Kalchreuth
-Eschenau
Schnaittach
Vorra
Tennenlohe
Heroldsberg
Lauf/Hersbruck
Hersbruck
Hohenstadt
Lauf a.d.P.
Pommelsbrunn
Fürth
N-Nord
Laufa.d.P.
Hentenfeld
Happurg
Röthenbach a.d.Pegnitz
611
Kreuz Nürnberg
Leinburg
Kreuz Altdorf
Altdorf/Leinburg
Alfeld
NÜRNBERG
Traunfeld
Stein
Altdorf b.Nürnberg
Deinschwang
Kreuz N-Ost
Oberölsbach
Feucht
Altdf./Burgthann
Wolkersdorf
Kreuz N-Süd
Burgthann
Neumarkt i.d.Opf.
595
Wendelstein
Schwabach
Dillberg
Berg
Pilsach
Kreuz N/Feucht
Schwanstetten-
Postbauer-
-Heng
Schw.-Süd
Rednitzhembach
-Schwand
Pyrbaum
Neumarkt i.d.Opf.
Abenberg
Roth
Allersberg
Deining
Eckersmühlen
Freystadt
Hilpoltstein
Georgensgmünd
Main-Donau-Kanal
Mühlhausen
Ludwigskanal
Großer Brombachsee
Röttenbach
Heideck
Eysölden
Burggriesbach
Holnstein
Pleinfeld
Berching
Thalmässing
612
Breitenbrunn
Ettenstatt
Ellingen
Greding
Dietfurt
Nennslingen
Beilngries
Oberhochstatt
ICE-Neubaustrecke Nürnberg-Ingolstadt in Bau, fertig V/2002
Kinding
Titting
Altmühltal
Naturpark
Rothenstein
Altmühltal
Pappenheim
Pollenfeld
Kipfenberg
Denkendorf
Schernfeld
Solnhofen
Obereichstätt
Eichstätt
Walting
Sandersdorf
Mörnsheim
Altmühl
Stammham
Dollnstein
Böhmfeld
114
162
Frankenalb
Frankenschweiz

Weiden i. Opf.
111
Naturpark Nördl. Oberpfälzer Wald
Sperrgebiet
Hütten
Weiden-West
Weiden-Frauenricht
Weiden-Süd
Kaltenbrunn
Mantel
Rothenstadt
Vohenstrauß
Sorghof
Weiherhammer
Freihung
Vilseck
Edelsfeld
Groß-schönbrunn
Luhe-Wildenau
Leuchtenberg
E 50
Hirschau
Schnaittenbach
Hahnbach
Gebenbach
Wernberg-Köblitz
Wernbg.-Köblitz
Trausnitz
Sulzbach-Rosenberg
Freudenberg
Kemnath am Buchberg
Pfreimd
Nabburg
Ammerthal
Amberg
Amberg-West
Kümmersbruck
Schmidgaden
Altendorf
Amberg-Süd
Amberg-Ost
Fensterbach
Ursensollen
Theuern
Schwarzenfeld
Oberpfälzer Wald
Garsdorf
Fuhrn
Schwandorf-Nord
Ensdorf
Schwandorf
Wackersdorf
Prönsdorf
Hohenburg
Dachelhofen
Steinberg
Schmidmühlen
Schwandorf-Süd
Bubach a.d.Naab
Sperrgebiet
Velburg
Teublitz
Burglengenfeld
Regen
Hörmannsdorf
Hohenfels
Nittenau
Parsberg
Maxhütte-Haidhof
Rohrbach
Kallmünz
Ponholz
Pettenreuth
Beratzhsn.
Steinsberg
Regenstauf
Beratzhausen
Wolfsegg
86
Altenthann
Laaber
Zeitlarn
Wenzenbach
Pielenhofen
R.-Nord
Lappersdorf
R.-Pfaffenstein
Hemau
REGENSBURG
Nittendorf
Donaustauf
Sulzbach
Walhalla
Deuerling
Barbing
Nittendf.
R-Ost
E 56
Sinzing
Neutraubling
Painten
Kreuz R
Rosenhof
R-Süd
Obertraubling
Schloß Prunn
Essing
Ihrlerstein
Köfering
Mintrach-Moos
Befreiungshalle
Bad Abbach
Kelheim
Donaudurchbruch
Alteglofsheim
Kloster Weltenburg
Saal
Dünzling
Aufhausen
Weltenburg
5km
Mindelstetten
Hausen
Schierling
Inkofen

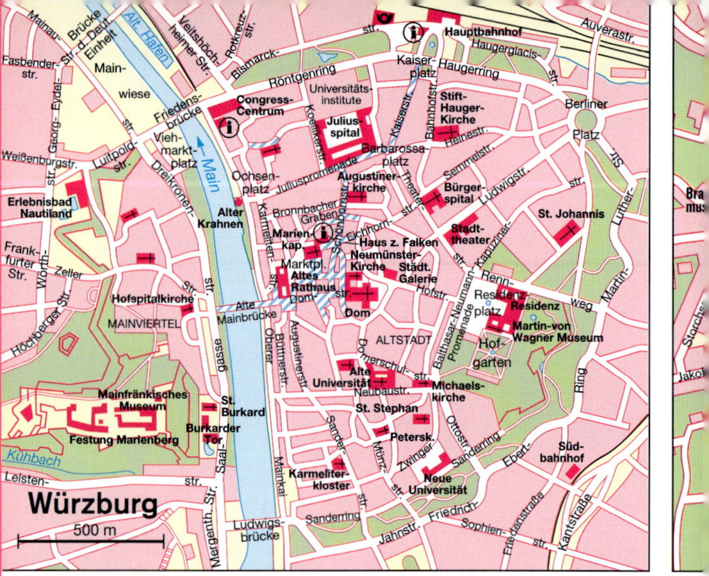
Würzburg
500 m
Mainau-
Brücke
Str. d. Dt. Einheit
Alt. Hafen
Veitshöchheimer Str.
Rotkreuz-str.
Bismarck-
str.
Hauptbahnhof
Auverastr.
Haugerglacis-
Fasbender-str.
Main-
wiese
Röntgenring
Kaiser-
platz
Haugerring
str.
Universitäts-
institute
Congress-
Centrum
Friedens-
brücke
Stift-
Hauger-
Kirche
Heinestr.
Berliner
Platz
Georg-Eydel-str.
Vieh-
markt-
platz
Main
Julius-
spital
Koellikerstr.
Kaiserstr.
Bahnhofstr.
Weißenburgstr.
Luitpold-
str.
Dreikronen-
str.
Ochsen-
platz
Juliuspromenade
Barbarossa-
platz
Semmelstr.
Erlebnisbad
Nautiland
Alter
Krahnen
Augustiner-
kirche
Bürger-
spital
Ludwigstr.
Theaterstr.
St. Johannis
Bronnbacher
Graben
Schönbornstr.
Eichhorn-
str.
Stadt-
theater
Kapuziner-
str.
Luther-
Frank-
furter
Str.
Marien-
kap.
Haus z. Falken
Neumünster-
Kirche
Städt.
Galerie
Karmeliten-
str.
Zeller
Str.
Marktpl.
Altes
Rathaus
Dom-
str.
Hofstr.
Renn-
weg
Martin-
Wörth-
Hofspitalkirche
Residenz-
platz
Residenz
Martin-von
Wagner Museum
Höchberger Str.
Alte
Mainbrücke
Dom
MAINVIERTEL
Oberer
Büttnerstr.
Augustinerstr.
ALTSTADT
Balthasar-Neumann-
Promenade
Hof-
garten
Ring
Domerschul-
str.
Alte
Universität
Neubaustr.
Michaels-
kirche
Mainfränkisches
Museum
St.
Burkard
gasse
St. Stephan
Festung Marienberg
Burkarder
Tor
Sander-
Peterk.
Ottostr.
Sanderring
Süd-
bahnhof
Ebert-
Kühbach
Saal-
Mainkai
Karmeliter-
kloster
Münz-
Zwinger
Neue
Universität
Leisten-
str.
Mergenth. Str.
Ludwigs-
brücke
Sanderring
Jahnstr.
Friedrich-
Sophien-
Friedenstraße
Kantstraße
Bra
mus
Storche
Jakob

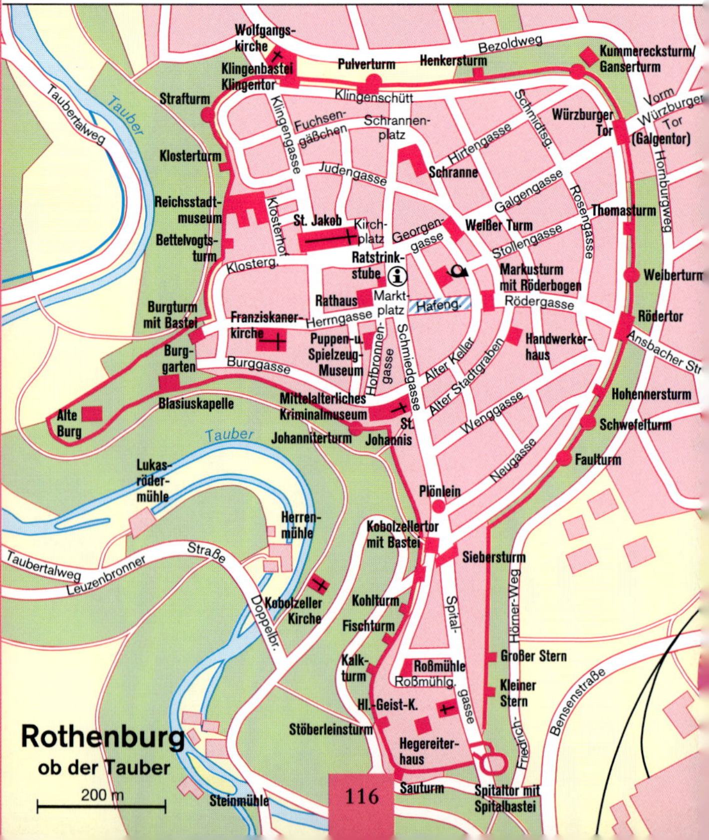
Rothenburg
ob der Tauber
200 m
Wolfgangs-
kirche
Pulverturm
Henkersturm
Bezoldweg
Kummereckssturm/
Ganserturm
Klingenbastei
Klingentor
Klingenschütt
Taubertalweg
Tauber
Strafturm
Fuchsen-
gäßchen
Schrannen-
platz
Klingengasse
Schmiedsg.
Würzburger
Tor
Vorm
Würzburger
Tor
(Galgentor)
Klosterturm
Judengasse
Schranne
Hirtengasse
Hornburgweg
Reichsstadt-
museum
Klosterhof
St. Jakob
Kirch-
platz
Georgen-
gasse
Weißer Turm
Galgengasse
Rosengasse
Thomasturm
Bettelvogts-
turm
Stollengasse
Klosterg.
Ratstrink-
stube
Markusturm
mit Röderbogen
Weiberturm
Rathaus
Markt-
platz
Hafeng.
Rödergasse
Burgturm
mit Bastei
Franziskaner-
kirche
Herrngasse
Rödertor
Ansbacher Str
Burg-
garten
Burggasse
Puppen-u.
Spielzeug-
Museum
Hofbronnen-
gasse
Schmiedgasse
Alter Keller
Alter Stadtgraben
Handwerker-
haus
Blasiuskapelle
Mittelalterliches
Kriminalmuseum
St.
Johannis
Wenggasse
Hohennersturm
Alte
Burg
Tauber
Johanniterturm
Schwefelturm
Faulturm
Neugasse
Lukas-
röder-
mühle
Plönlein
Herren-
mühle
Kobolzellertor
mit Bastei
Siebersturm
Taubertalweg
Leuzenbronner
Straße
Kobolzeller
Kirche
Kohlturm
Spital-
gasse
Hörner-Weg
Doppelbr.
Fischturm
Kalk-
turm
Roßmühle
Roßmühlg.
Großer Stern
Kleiner
Stern
Hl.-Geist-K.
Bensenstraße
Friedrich-
Stöberleinsturm
Hegereiter-
haus
Steinmühle
Sauturm
Spitaltor mit
Spitalbastei

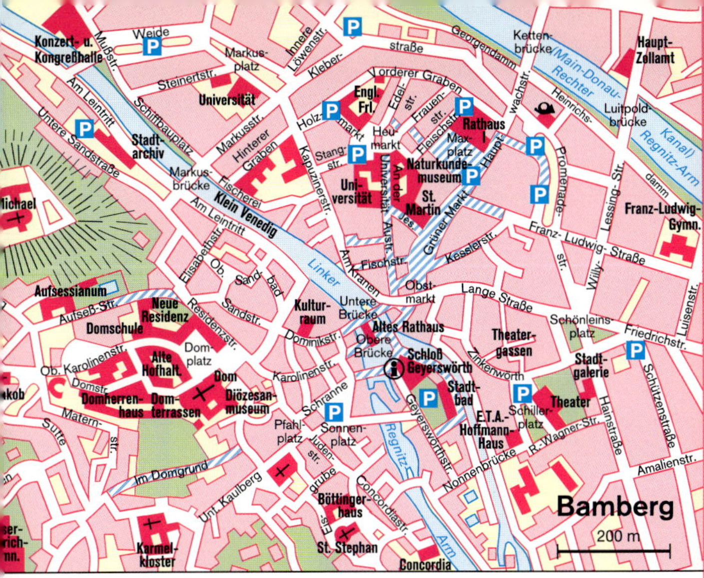
Bamberg
200 m
Konzert- u. Kongreßhalle
Weide
Mußstr.
Markusplatz
Innere Löwenstr.
Georgendamm
Kettenbrücke
Hauptzollamt
Am Leintritt
Steinertstr.
Universität
Kleberstraße
Vorderer Graben
Main-Donau-Kanal (Rechter Regnitz-Arm)
Untere Sandstraße
Schiffbauplatz
Markusstr.
Engl. Frl.
Edelstr.
Holzmarkt
Heumarkt
Frauenstr.
Rathaus
Heinrichsdamm
Luitpoldbrücke
Stadtarchiv
Hinterer Graben
Stangstr.
Fleischstr.
Maxplatz
Hauptwachstr.
Promenadestr.
Markusbrücke
Fischerei
Kapuzinerstr.
Universität
Naturkundemuseum
Lessingstr.
Michael
Klein Venedig
Am Leintritt
An der Universität
St. Martin
Jesuitenstr.
Grüner Markt
Franz-Ludwig-Gymn.
Franz-Ludwig-Straße
Elisabethstr.
Ob. Sandstr.
Linker
Fischstr.
Keßlerstr.
Willy-Lessing-Str.
Luisenstr.
Aufsessianum
Aufseß-Str.
Neue Residenz
Sandbad
Residenzstr.
Kulturraum
Untere Brücke
Am Kranen
Obstmarkt
Lange Straße
Schönleinsplatz
Friedrichstr.
Domschule
Sandstr.
Dominikstr.
Altes Rathaus
Obere Brücke
Theatergassen
Alte Hofhalt.
Domplatz
Ob. Karolinenstr.
Schloß Geyersworth
Zinkenwörth
Stadtgalerie
Dom
Karolinenstr.
Stadtbad
Schützenstraße
Jakob
Domstr.
Domherrenhaus
Domterrassen
Diözesanmuseum
Schranne
Theater
Schillerplatz
Hainstraße
Matern-str.
Pfahlplatz
Sonnenplatz
Geyerswörthstr.
E.T.A.-Hoffmann-Haus
R.-Wagner-Str.
Sutte
Judenstr.
Regnitz
Nonnenbrücke
Amalienstr.
Im Domgrund
Unt. Kaulberg
Böttingerhaus
Concordiastr.
Karmelkloster
Eisgrube
St. Stephan
Arm
Concordia

Bayreuth
500 m
R.-Wagner-Festspielhaus
Dr.-H.-Frisch-Str.
Parsifalstraße
S.-Wagner-Allee
Cottenbacher Straße
Gontardstraße
Gravenreuther Str.
Hofer-straße
H.-Schütz-Str.
Tristanstr.
Grüner Baum
Ehem. Markgräfl. Schloß
Egerländer Str.
K.-Muck-Str.
Hagenstr.
Bernecker Straße
Meistersingerstr.
Bürgerreuther Str.
allee
Wilhelm-von-Diez-Str.
Nordring
Feustelstr.
Stiftskirche
St. Georgen
Gutenbergstr.
Fr.-v.-Schiller-Str.
Nibelungenstr.
Marktgrafenallee
Spinnereistr.
Brandenburger Str.
Spielzeugmuseum
Munckerstr.
Wilhelmsplatz
Stuckbergstr.
E.-Bayerlein-Str.
Carl-Schüller-Str.
Hauptbahnhof
Rosestraße
Fr.-Schubert-Str.
Brahmsstr.
Mozartstr.
Casselmannstr.
Fr.-Puchta-Str.
Schulstr.
Cosimastraße
Dürerstraße
Roter Main
Bahnhofstr.
Tunnelstraße
Friedrichstr.
Stadtbad
Neues Rathaus
Hohenzollernring
Albrechtstr.
Rotmainhalle
Luitpoldplatz
Josefsplatz
Spitalkirche
Kanalstr.
Eisstadion
Ebertstr.
Grünewaldstr.
Markt
Finanzamt
Wölfelstr.
Opernhaus
Kulmb. Str.
Maximilianstraße
Altes Rathaus
Hohenzollern Ring
Oberfrankenhalle
Roter Main
Schloßk.
Badstraße
Hist. Museum
Stadtk.
Kanzleistr.
Sternplatz
W.-Siemens-Str.
Kulturzentr.
Ev. Reform. Kirche
Dammallee
Friedrichstr.
Neues Schloß
Richard-Wagner-Str.
Äußere Badstr.
Freim.-museum
J.-Paul-Museum
Wittelsbacher Ring
Bismarckstr.
Leopoldstr.
Stadthalle
Hofgarten
R.-Wagner-Museum
Liszt-Mus.
W.-Wagner-Str.
Königsallee
Rathenaustraße
Jean-Paul-Str.
Nürnberger Str.

LEGENDE REISEATLAS

Autobahn und autobahnähnliche Straße	Wittenburg 10	Motorway and dual carriageway
Autobahn und autobahnähnliche Straße in Bau mit Fertigstellungsdatum	Datum Date	Motorway and dual carriageway under construction, with provisional date of opening
Raststätte mit und ohne Übernachtungsmöglichkeit	R R	Service area with and without motel
Autohof · Tankstelle	A T	Truckstop · Filling station
Babywickelraum		Baby room
Anlagen mit Behinderten-WC	R R A T	WC for the disabled
Durchgangsstraße		Main road
Verbindungsstraße		Connecting road
Nebenstraße		Secondary road
Fernkilometrierung	153	Very long distances in km
Großkilometrierung	50	Long distances in km
Zwischenkilometrierung	8	Intermediary distances in km
Tunnel		Tunnel
Paß mit Höhen- und Steigungsangabe · Wintersperre	1180 XI-V 12%	Pass with height and gradient · Closure in winter
Bedeutende Steigungen		Important gradients
Fernverkehrsbahn		Main line railway
Kfz-Verladestation (auch Auto im Reisezug)	München-Ost	Autorail
Autofähre	F.	Car ferry
Kultur		**Culture**
Eine Reise wert	★★ **KÖLN** ★★ *Wartburg*	Worth a journey
Lohnt einen Umweg	★ **Guben** ★ *Sababurg*	Worth a detour
Landschaft		**Landscape**
Eine Reise wert	★★ **Ries** ★★ *Königsstuhl*	Worth a journey
Lohnt einen Umweg	★ Chiemsee ★ *Lemberg*	Worth a detour
Landschaftlich schöne Strecke		Route with beautiful scenery
Nationalpark, Naturpark		National park, nature park
Sperrgebiet		Prohibited area
Aussichtspunkt		View
Kirche · Kirchenruine		Church · Church ruin
Kloster · Klosterruine		Monastery · Monastery ruin
Schloß, Burg · Schloß-,Burgruine		Palace, Castle · Palace ruin, castle ruin
Denkmal · Wasserfall		Monument · Waterfall
Höhle · Ruinenstätte		Cave · Ruins
Campingplatz · Jugendherberge		Camp site · Youth hostel
Sonstiges Objekt		Other object
Internationaler Flughafen		International airport
Verkehrslandeplatz mit überwiegend Bedarfslinien- und Geschäftsreiseverkehr		Airfield

REGISTER

In diesem Register sind alle in diesem Führer erwähnten Orte und Ausflugsziele sowie die Hotels in den Städten Ansbach, Aschaffenburg, Bad Kissingen, Bamberg, Bayreuth, Coburg, Hof, Nürnberg, Rothenburg o. d. Tauber, Weißenburg und Würzburg verzeichnet. Halbfette Seitenzahlen verweisen auf den Haupteintrag, kursive auf ein Foto.

Orte

Hotels

Was bekomme ich für mein Geld?

Im behäbigen Dorfgasthof Bett und Frühstück für 30 Mark – das gibt es manchmal noch in Franken. In den größeren Städten sind die Hotelpreise allerdings kräftig nach oben korrigiert worden. Franken folgt da einem bundesweitem Trend, der sich an Orten wie Bamberg, Bayreuth, Bad Kissingen, Nürnberg und Würzburg noch verstärkt, seit sie erfolgreich als Kongreßstädte Gäste werben. Als Spesen abgerechnet, darf das Doppelzimmer pro Nacht vielleicht 200 bis 300 Mark kosten – oder noch mehr. Wir haben auch einige Adressen in dieser Preisklasse genannt – wo wir das Preis-Leistungs-Verhältnis für angemessen halten und das Ambiente als besonders erfreulich kennen.

Auch bei Speis und Trank hat das kleine Urlaubsportemonnaie gute Chancen, dem großen sind in den zahlreichen Schlemmerlokalen kaum Grenzen nach oben gesetzt. Düsseldorfer und Münchner staunen mancherorts allerdings auch, für wie vergleichsweise wenig Geld man in Franken Gourmetküche genießen kann. Als »fränkischer Mehrwert« besonders zu loben: Der Blick auf die Speisekarte bestätigt immer wieder, daß man hier in Stadt und Land seine Mahlzeit in schönen Gasthöfen auf gleichem Preisniveau bekommen kann wie anderswo in einem Nullachtfünfzehn-Lokal.

Familienferien für Preisbewußte können auch in Franken unter dem Stichwort »Urlaub auf dem Bauernhof« stattfinden. Ferienwohnungen für eine vierköpfige Familie sind ab etwa 50 Mark pro Tag zu haben. Außerdem haben sich Hoteliers und Wirte ein ganzes Bündel von Pauschalangeboten für Wein-, Wander- und Schnupperwochenenden, für Fahrrad- und Kreativurlaube und andere fränkische Schmankerln einfallen lassen. Wanderangebote in der Fränkischen Schweiz unter dem Stichwort »Wandern ohne Gepäck« schließen zum Beispiel fünf-, sechs- oder siebentägige Wanderungen mit Übernachtungspreisen ab 25 bis 30 Mark ein, zuzüglich fünf Mark täglich für die Gepäckbeförderung. Unter Vergleichbarem kann man wählen im Prospekt »Preiswertes Reiseland« beim Tourismusverband Franken in Nürnberg.